研究するって面白い！

——科学者になった11人の物語

伊藤由佳理 編著

岩波ジュニア新書 841

はじめに

この本の筆者たちは現在、中高生のお母さんと同じくらいの年齢で、大学や公的研究機関で働いている理系の研究者です。しかし、もともと研究者を目指していた人ばかりではありませんし、文系だった人もいます。そんな人たちが、どのように進路を選び、研究者になったかという話や、現在の仕事について書いています。理系の研究者と言っても、現在に至るまでの道は十人十色で、一人ひとりが異なる人生を歩んできたということがわかるでしょう。筆者は女性ばかりですので、女性特有の経験を書いている人もいるかもしれません。しかし研究という面で性別は関係ありませんので、男女を問わずこれから研究者を目指す人の参考になることでしょう。

本書出版のきっかけは、私が女子中高生向けの数学の公開講座をしたことでした。女子中高生の進路選択に参考になるような本を、母親世代の女性研究者に執筆してもらえないかというお誘いを岩波書店の山下真智子さんから受けました。女性だけでいいのかな？ 理系だけでいいのかな？ とは思ったのですが、女性が理系の道に進学する際、周りの人の反対に合うことも多いと聞き、そんな人たちの力になれたらいいなと思ってお引き受けしました。

筆者のみなさんは、これまでに私がいろんなところで出会った方たちです。尾形わかはさん、石渡恵美子さんは高校の部活の先輩で、芳賀麻誉美さん、加藤嘉代子さんは高校の同級生です。三年間クラス替えがなく、理系文系の選択を迫られることもない自由な学校で、彼女たちとは純粋に部活やクラスで学校行事を楽しみました。加藤(坂田)知世さん、小島晶子さんは大学一年時の同級生です。専門は違いますが、大学院に進学してからも、ときどき会って励ましあった仲間です。大学生のときに日米の学生交流セミナーで知り合ったのが細谷紀子さんで、明るく元気な参加者の一人でした。大学院進学後は多くの数学関係者と出会いましたが、この本にはできるだけ異なる分野の方を選んだので、登場しません。現在の大学に赴任した頃、私は男女共同参画推進委員として女子学生の理系進学推進事業に関わりました。当時、学内で理系の女性研究者の交流会があり、西田佐知子さん、南雅代さん、吉田朋子さんと知り合い、お互いの研究や研究環境について情報交換しました。

このように出会った時期が異なる上、研究分野も違いますので、彼女たちがどのように進路を決め、研究者になったのかあまりよく知りません。私自身も読者のみなさんとともに、いろんな人のいろんな体験談を楽しもうと思います。

二〇一六年九月吉日

伊藤由佳理

目　次

目次

植物分類学、植物生態学
西田佐知子
Sachiko Nishida

思ってもみなかった理系の道へ

にしだ・さちこ

1965年，千葉県生まれ．88年京都大学文学部卒業後，日本放送協会(NHK)勤務．91年に退局し京都大学農学部研究生に．92年京都大学大学院人間・環境学研究科入学，98年京都大学博士(人間・環境学)取得．同年，兵庫県立人と自然の博物館研究員，2000年名古屋大学博物館助手を経て，現在名古屋大学博物館および同大学院環境学研究科准教授．専門は植物分類学と植物生態学．熱帯のクスノキ科植物の分類，植物同士や植物と昆虫の相互作用などを研究している．

仮説の正しさを確かめる

いま、これを書いているのは沖縄へ向かう飛行機の中です。六年に一度だけ、一斉に花を咲かせて枯れてしまう植物の調査に行くのです。沖縄では、共同研究者の人たちと山にこもって、花の人工授粉を行う予定です。六年に一度しか咲かない植物が、なぜそんな生き方をしているのか、私たちなりに立てた仮説があります。今回の調査では、その仮説が正しいかどうかを実験で確かめるのです。

私たちは、その植物と、近縁な植物の間にまちがった花粉のやり取りがあって、その植物の花にもう片方の種《しゅ》の花粉がつくと、タネがうまくできなくなるのではないかと考えています。植物が花を咲かせるにはエネルギーなどの貯金が必要です。そのため、毎年咲かせられる花の数は限られています。しかし、少しの花をつけるだけだと、もう片方の種の花からたくさんの花粉を受けてしまい、その花粉からくる悪い影響によって、子孫をうまく残せないのかもしれない。そんなわけで、もう片方の花粉の迷惑を受けにくくなるよう、六年に一度、

コダチスズムシソウの６年に１度しか咲かない花とご対面

大量に花を咲かせるようになったのではないかというのが私たちの仮説です。

この仮説を検証するためには、たくさんの仕事をしなければなりません。まず、本当に六年に一度しか咲かないのか。また、この植物ともう片方の種が、本当に花粉のやり取りをしているのか（花粉を運ぶ虫が共通しているのか）。私たちの仮説以外に考えられる原因がないか、調べることも不可欠です。これらの疑問については、じつはこの植物を昔から調べている研究者がいて、たくさんのデータを取っています。私はそこに共同研究という形で参加したわけです。一人で一から調査しなくていいので、今回の研究はすごく楽です。

ただ私は、いまお話しした仮説を証明する、決め手ともいえる人工授粉実験の提案者なので、その意味では責任重大です。どこでどのように実験するのか、何をどこまで調べるのか、多くの部分を私が決めねばなりません。「沖縄で花の調査なんてうらやましい！」と言われて出てきましたが、実際は心配でなりません。ここ一週間は夢にもその植物がでてきて、あーでもないこーでもないと悩み苦しむありさまです。

一方、実験の結果が仮説で予測した通りだったら……そう思うと、実験する前から興奮してしまいます。もちろん、予測がポーンと外れる可能性もあります。それはそれで、一筋縄ではいかない謎《なぞ》解きのスリルがあります。

研究の話

私の専門分野は、植物の分類学や生態学です。今回の研究は生態学にあたります。植物生態学とは、植物がなぜ今のような生活をしているのか、どうして今のような分布になったのか、植物が他の生物や環境をどう変えてきたのかということを、植物同士の関係や、植物と他の生物や環境との関係を調べることで明らかにしていく学問です。

もう少し具体的に話しましょうか。

私の生態学での研究対象はタンポポやゲンノショウコなど、種類を問いません。いま沖縄に向かっているのも、これまで扱ったことのないコダチスズムシソウという植物を研究するためです。これらの植物に共通しているのは、その分布や生き方に、その植物と近縁な植物が関わっている可能性があるところです。近縁な植物同士がまちがって交配してしまうことで、相手種の子孫を減らしてしまう現象に興味を持っています。

遠い海外の植物を扱うこともありますが、多くの場合、国内の植物を研究しています。私のテーマなら近くの植物でも面白い研究ができますし、そうであれば、すぐに何度も調べに行けて、花や実になるタイミングを逃さず実験できる方がいいからです。

そして現場に出掛けては、ヤブをかき分けて目当ての植物を数え手帳に書き込んだり、車や徒歩で少しずつ移動して地図に分布を記録したり、丈《たけ》の高さを巻き尺で測ったり、花や実の数を調べたりします。また、ピンセットで花から花粉を持ちだして他の花につけるなど、細かな実験をくり返します。ヤブに潜んで、花に来る虫をじっと目で追い数えたりもします。

こう書くと簡単な仕事に聞こえるかもしれませんが、実際はかなり大変です。炎天下や寒空の下、危ない斜面や川に浸《つ》かりながらなど、それなりにワイルドな作業です(沖縄での調査はハブが怖いな)。でも、肉体面より、精神面というか、頭脳面の方が大変です。

なにしろ野生の生物が相手なので、調査も実験も、計画どおり進むことはあまりありません。二種の植物の花粉を交換する実験なのに、片方の種の花が全然足りなかったり、花に訪れる虫を調べに来たものの、雨続きで虫が来なかったり。出直して調査できるならそうしますが、二種の花の時期がずれているなど、出直しだけでは解決しないこともあります。そんな時、とりあえず今できることで一番大事な作業はなにか、その場で答えを出さねばなりません。今できる別の調査はないか、出直すならいつ来るべきか、花期のずれをどう考えるのか、ずれを補正した実験をどうやるべきなのか。自分が明らかにしたいことが何で、そのためにやるべきことの優先順位をその場で決めねばならず、作業の合間はいつもクヨクヨ悩んでいます。

仕事は野外で終わるわけではありません。野外から持ち帰ったタネを実体顕微鏡(対象を潰すことなく、一〇倍くらい拡大して観察できる顕微鏡)の下で数えることもあります。それぞれの植物がどの程度近縁なのか、DNAを抽出して調べることもあります。そうやって必要と思うデータが揃ったら、結果をまとめ、統計処理をしながら検討します。そして、仮説と合わなければ仮説の修正や方法の誤りを考え、まとめられる状態なら論文にまとめ、まだデータが足りないなら観察や実験をやり直します。

　というわけで、結構頭も体も使う、めんどくさい仕事です。なら嫌な仕事かというと、そうでもないです。山や森や生物が好きなので、仕事と言いながらそういうものを見に行けるのはすごくうれしいです。また、自然の見方が変わります。生物同士がさまざまな関係を結んでいる様子や、その関係の法則を知ることで、今までぼんやり眺めていただけの自然や生物がまったく違って見えてきます。その法則が正しいのかどうかを自分の手で探っていけるのも、探偵のようでやりがいがあります(探偵小説のように、最後にちゃんと解決してくれればもっとよいのですが)。

　なお、私は大学の教員です。授業や学生の研究指導も行いますし、大学博物館に所属しているので、展示などの仕事もあります。先ほどは、野や山へ行って研究ばかりしているように書きましたが、実際に研究に割《さ》ける時間は仕事全体の三割くらいかもしれません。

　それでも、自分は運がいいなあと思っています。植物を研究することで、自分の人生が深まった気がします。

もっと学びたい！ が転機に

では、私がこんな仕事をやりたいと思うようになったのはいつ頃だったのでしょうか。じつは、二四歳です。それ以前の私は、植物生態学どころか、植物のことをほとんど知りませんでした。生物学も高校まで習っただけでした。大学時代は文学部にいて歴史を学んでいたのです。

小さい頃から生物は好きでした。でも、猫がかわいいとか花がきれいだとか、その程度の「好き」です（虫も好きだったのは変わっていたかもしれませんが）。中学・高校でも、数学や化学は好きでしたが、生物学は覚えることばかりで嫌いでしたし、理系に進学することなど全く頭にありませんでした。他の生き物や、ましてや化学物質や数式なんかより、人間の生き方とか、人間の歴史の方がずっと深淵だと思っていたのです。だって、なんか理系の学問って、ものごとをシロかクロかにスッパリ分けて、すべてを単純に考えようとしている感じだったんですもん。人間が深く考えたうえ築きあげてきた社会や歴史を調べる学問に比べ、鉱物とか化学物質とかを調べる学問って、調べ方も単調そうだし、出てくる結果も単純明快で、いろいろ考える余地なんてない気がしていました。生物だって多様ではあるけれど、人間のように深く考えているわけではないから、その生き方に大した謎があるとは思えなかったのです。

ということで、大学では歴史を学びました。もともと調べ物をしたり本を読んだりするのが好きだったので、研究者になれたらいいなと思っていました。しかし、大学で歴史の先生を見ているうちに、あそこまでずっと本を読んで過ごすことは自分にはできないと感じました(私の専攻した分野は、古い史書を大量に読むことが必須だったのです)。そんななか、就職を決めねばならない時期がやってきました。そして就職活動をしているうちに、いろんな場所へ行っていろんなことを知ることのできる仕事がいいと思うようになり、マスコミへの就職を志望。運良くNHKにディレクターとして採用されました。

NHKは本当にいい会社でした。面白い人がたくさんいたし、男女の別け隔てなく仕事ができました。皆がいい番組を作ろうと真剣でした。新人も自分の番組枠(最初は小さなニュースから)を任せてもらえ、取材から撮影監督、編集、台本書き、本番の収録まで、すべて自分でやらせてもらえました。休みが不規則だったり徹夜が続くこともありましたけれど、それだけに番組が完成したときの達成感はひとしお……のはずだったのですが、ここで私はつまずきました。どんなに打ち込んだつもりでも、番組が完成したときに達成感を得られなかったのです。後から考えてみるに、私が一番したかったのは何かを知ること・実体験することでした。NHKに入りたかったのは、カメラを回す側になれば、テレビを見るという疑似体験ではなく、いろんな現場で実体験ができるかもしれないという期待からでした。もちろん、NHKではさまざまな現場を体験しました。その意味では期待どおりでした。しかし、ディレクターの仕事とは、現場を体験して「楽しかった」と思うことではありません。一番やらねばならないのは「それを伝えること」であり、しかもテレビという時間の速いサイクルに乗って伝えることとでした。馬車馬のように働いていると、なんとなく美味しいケーキの上のクリームだけをピッピピッとすくって、その味をまことしやかに伝えているような気分でした。私はもっとケーキの中身を知りたい、甘さだけでなく苦さも感じたい、と悩みはじめました。

と、そのとき偶然ですが、植物の番組を作ることになったのです。当時、大阪で花の万博

（正式名称＝国際花と緑の博覧会、一九九〇年）が開かれることになり、植物を紹介するミニ番組を作る仕事が回ってきました。そこで、一〇〇〇年以上生きる屋久杉《やくすぎ》や、雌蜂《めすばち》に擬態して花に虫を呼ぶランなどの生態を聞きかじり、まさにカルチャーショックを受けたのでした。植物の、何かを考えたりあせって動きまわったりすることなく、しかし淡々と繁殖し世界に広がっていくさまは、とても私と同じ生物とは思えませんでした。今でも覚えているのは、その頃出かけた取材の後、電車の窓から眺めたコブシの木です。過ぎ去る景色の中、住宅地の一角でコブシの大きな木が一本、白い花を一面に咲かせていました。当時はコブシという名前すら知らなかったと思いますが、とにかく、季節のことなど何にも考えないままクタクタになるまで仕事をしていた自分の傍《かたわ》らで、黙々と、しかし着実に季節を知って花開く樹木に、なぜか大きな尊敬の念を抱いたのでした。この時が二四歳だったのです。

植物のことをもっと学びたい、できれば自然を感じ、さらには学びながら生きていきたい。……今から思うと、よほど仕事で疲れていたのかなあ。とにかく脱サラと大学院への入学を決意。約一年かけて進学先を決め、さらに退職後の一年間、大学の授業を聴講させてもらったりして基礎知識を学び、やっと大学院に入学しました。

単に疲れていただけだとしても、あまりに浅はかな考えだったとしても、今となっては当時の自分の決意に感謝しています。ただ、当時の自分がまちがっていたのは、大学院は勉強するところだと思っていたことです。もちろん、勉強するところであるのは当然なのですが、大学院はそれだけでは足りない。本当は、研究をするところなのです。勉強と研究は違います。研究とは、今までわかっていないことを明らかにしようとすること。研究のために勉強は必須ですが、勉強だけでは研究にはなりません。

シンプルな法則性

さて。では私が以前思っていた、「理系は単純」はどうだったでしょうか？　正しかったところと、そうでないところがあります。

理系の学問が極めようとしている法則性は、シンプルであるほど美しいかもしれません。複雑にみえる現象がシンプルな法則で説明できれば、そして、例外と思われていた現象も裏を返せばその法則を補強するものであれば、その法則は地球どころか宇宙全部に通用するものかもしれません。生物においても、子孫が多く残るような性質で遺伝するものが集団内に広まっていく――そんなシンプルな法則が進化を説明するなど、驚くほど単純な部分があります。自分が見ていた雑多な生物や、その生物が生み出した雑多な生き方が、極めてシンプルに説明できると、自然の秩序、そして、その秩序が何億年もの積み重ねの末に生み出してきたものの偉大さに心打たれます。

一方、私の昔の考えで正しくなかったのは、シンプルな法則性を見つけることはすごく深淵であること。ときにすごく難しいこと。そして、人間以外の生物も、極めて奥の深い生き方をしていて、その奥に潜む謎はすごく面白いというところです。

人間以外の生物は、人間ほどは考えていないかもしれない。でも、人間が考えもつかない生き方をしている生物が数えきれないほどいます。それは、自分たちが考えた生き方ではないだろうけれど、何億年もの歳月の中でたどり着いた生き方です。と同時に、生物は強い自然選択を受けると、あっという間に進化することがあります。生物の分布や数も、長い歴史をかけて決まることもありますが、ごく短期間で大きく変わることもあります(そういうことを、今の私は研究テーマにしています)。

ものごとをシロかクロかに分ける——理系の学問にそういうところがあるとすれば、それは言い訳を許さない厳密さだったり、客観性だったりするのかもしれません。そして、シロかクロかを見極めるのは、浅はかな方法では無理で、深い読みと鋭いセンス、優れた調査や実験が必要です。

生物の謎を探れば探るほど、人間の想像などちっぽけなものであることを痛感します。そして、そんな謎を探ることを仕事にしている自分は運がいいと思います。いろいろ寄り道したし、今も歴史などは好きですが、理系に、生物に、そして植物生態学にたどり着いて、心の底からよかったなあと思ってます。ただ、沖縄で今からやる実験のことを考えると、すごーく心配ですが……。

医学

細谷紀子

Noriko Hosoya

医学研究の道——ミクロの世界から生命の神秘と病気の原因に迫る旅

ほそや・のりこ

愛知県生まれ．1993 年東京大学医学部医学科卒業後，医師となる．血液内科の臨床に携わる傍ら，研究活動を開始し，99 年東京大学大学院医学系研究科内科学専攻修了，博士(医学)取得．その後，東京大学医学部附属病院無菌治療部助手，同大学院医学系研究科疾患生命工学センター助教，講師，特任准教授を経て，2019 年より東京大学大学院医学系研究科疾患生命工学センター准教授．研究テーマは，DNA 損傷に対する生体の応答の制御メカニズムの解明．

ミクロの世界からがんの原因解明と治療開発に挑む

私は、大学の医学部を卒業後、初めの一〇年余りは、主に大学病院の内科の教室において血液疾患《しっかん》の臨床(診療)、研究、教育に従事していました。その後、基礎医学研究に主軸をおくようになり、現在は、大学の教員として、放射線生物学の研究と教育を本務とした活動をしています。研究テーマは、DNA損傷に対する生体の応答現象の制御メカニズムを分子レベル(遺伝子、タンパク質のレベル)で解明するというものです。

生命活動の設計図である遺伝子の本体がDNAです。DNAは、長いひも状の分子で、細胞の核の中につめこまれています。細胞が分裂する時には、DNAはさらにコンパクトに折り畳まれ、染色体という顕微鏡でもみえる構造になります。生命の誕生から発達、成長、老化に至るまでの一生涯の生命活動において、DNAは、細胞分裂に伴って正確に複製され、伝搬《でんぱん》されなければなりません。ところが、実際には、DNAは、放射線、紫外線、化学物質などの外的要因や細胞の代謝の際に生じる活性酸素などの内的要因によって絶えず損傷を受けています。DNA損傷の種類にはさまざまなものがありますが、最も重篤《じゅうとく》なものは、DNAの二本の鎖が近接した場所で完全に切断される「DNA二本鎖切断」で、この傷が残存すると細胞は死んでしまいます。このような障害を回避するために、すべての正常な細胞には、遺伝情報を安定に維持するための仕組み、すなわち、「DNA損傷応答」のシステムが備わっています。DNA損傷を感知すると、細胞周期を止めて細胞の増殖を停止させ、その間に損傷したDNAを修復し、修復が完了してから再び細胞の増殖をスタートさせます。また、あまりにもDNA損傷が重篤で、修復が正確にできないと判断された場合には、DNA修復を抑制し、細胞を殺す仕組み(細胞死)も存在します。このDNAを外的、内的な危険から守る仕組みは、細胞の中の核という、わずか数マイクロメートル径の非常に微小な空間の中で、わずかの時間の間に、いくつものタンパク質による複雑な連携プレイにより遂行される実に精巧なものです。

この「DNA損傷応答」の仕組みがうまく働かず、DNA損傷が正確に修復されない場合には、遺伝子異常が蓄積しやすい「遺伝的不安定性」の状態が引き起こされ、がんをはじめとする、さまざまな病気の原因となります。一方、がんの治療でよく用いられる放射線治療

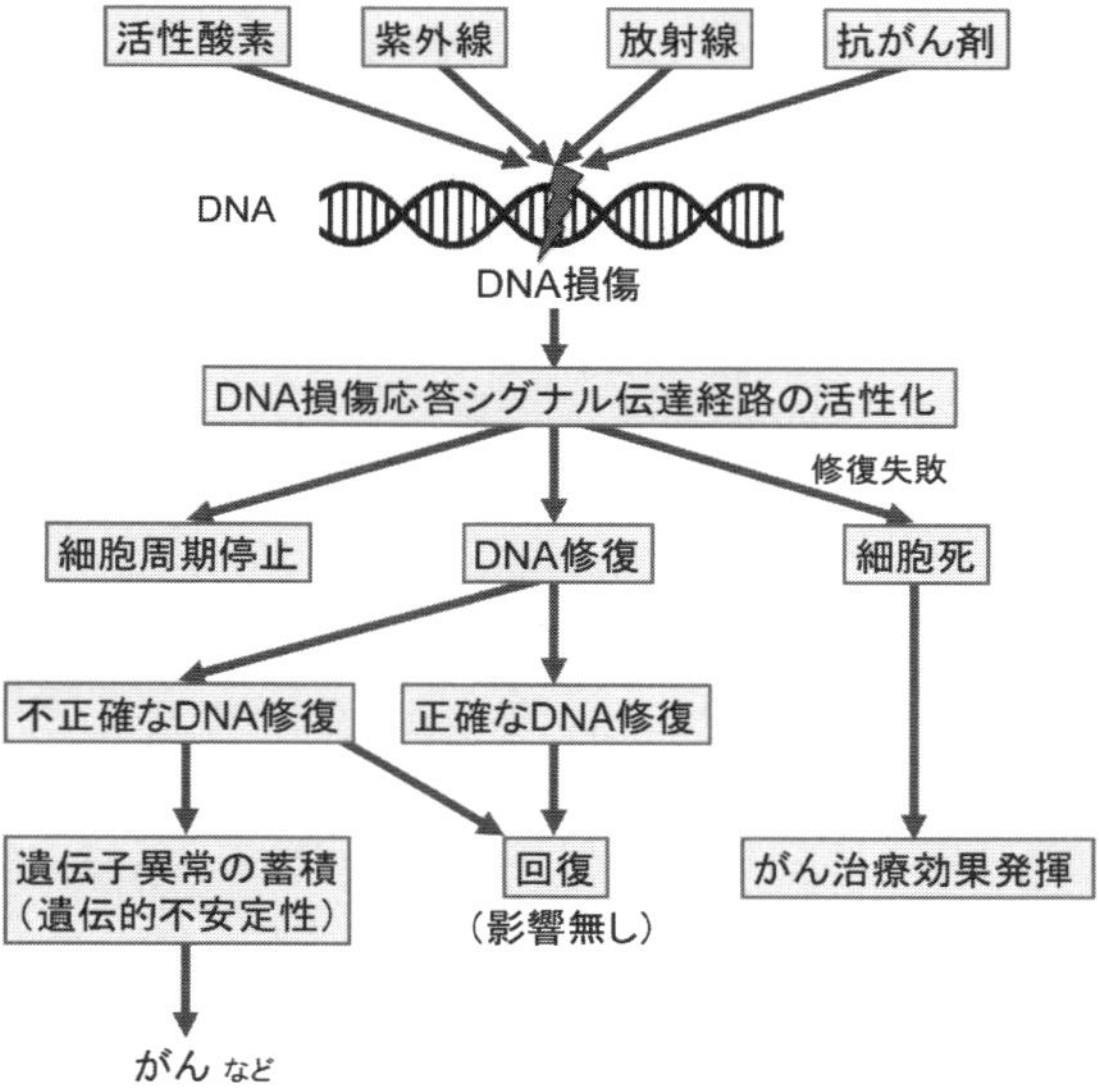

DNA 損傷応答と病気・がん治療の関係

や抗がん剤治療の多くは、人工的にＤＮＡ二本鎖切断を作り出すことによって、がん細胞を殺すことを原理とした治療です。がん細胞における「ＤＮＡ損傷応答」の仕組みに何らかの異常がある場合、放射線治療や抗がん剤治療などの治療の効果の発揮に影響が出る可能性があります。がん治療では、正常細胞にはできるだけ悪い影響を与えずに、がん細胞だけを殺すことが望まれます。したがって、同じ患者の正常細胞とがん細胞において「ＤＮＡ損傷応答」の能力の違いがある場合には、その違いに着目することによって、放射線治療や抗がん剤治療をより効果的に行うことができる可能性があるのです。私は、がんにおいてDNA損傷応答の異常を引き起こす分子を見つけ、その作用機序を分子レベルで解明することによって、新しいがん治療の概念を提唱することを目指しています。

血液内科医として一貫してがんの原因解明を目指してきた私にとって、未解決の問題が多く、がんの遺伝子異常、染色体異常が生じる本質に迫ることができ、かつ、治療への応用にもつながり得るこの領域に取り組むことは、大きな魅力です。

大きくなったら何になりたい?——初めて生命科学への憧れを抱いた高校時代

今は医学・生命科学の世界にどっぷり漬《つ》かっている私ですが、決して小さい頃から医学を志していたわけではありませんでした。どのような経緯でこのような研究の道を歩むようになったのかを振り返ってみたいと思います。

幼少時から中学時代までは、学校の先生になれたらいいなあ……と漠然と考えていました。

中学時代までは、文系、理系のどちらへ進むかということを考えたこともなかったのですが、英語が大好きだったので、もし、中学生であった当時に進路を尋ねられたら、「文系に行きたい」と答えていたかもしれません。

生命科学に興味を抱いたのは、高校生の頃でした。高校一年生の時に、生物の授業の中でDNA(遺伝子)や減数分裂について初めて学びました。親から子どもに遺伝子が受け継がれる過程で、父方由来の遺伝子と母方由来の遺伝子の間で「組換え」が起こり、「両親に顔や性格が似ているけれども、父親とも母親とも全く同じではない、新しい可能性を秘めた子どもが誕生する」という生命の多様性が生まれる仕組みは大変興味深く、生命科学の研究に携わりたいという夢を抱くきっかけになりました。この「組換え」という現象は、減数分裂において重要であるばかりでなく、細胞の中のDNAに二本鎖切断が入った時に、その傷を修復させる時に働く修復システムとしても極めて重要で、現在の私の研究にも密接に関係しています。

こうして、生命科学系の研究者になりたいという憧れから、大学進学時には理系を選ぶことになりました。

医学部へ進学、そして、医師に

私の入学した大学では、初めの二年間は教養学部に所属し、その後、三年目から専門の学部に進学します。教養学部時代には、いろいろな学部の研究者の先生方や先輩の話を聞いたり、研究室の見学をしたりする機会がありました。その中で、医学部が、人の体の仕組み、人の病気の予防・診断・治療、人の健康や医療をとりまく諸問題のことなどまで幅広く学ぶことができるところであること、そして、目の前の患者さんの〝診療〟を担う医師を養成するだけではなく、人の体の複雑な仕組みや人の病気の新しい診断法・治療法・予防法を〝研究〟する医師も育成するところであることにも気がつきました。

医学部医学科に進学後、三年生と四年生の夏休みには、東京大学医科学研究所の研究室に通い、生命の基本原理や発がんの原因を解き明かそうとする研究者の方々の情熱に触れて深い感銘を受け、研究の世界にますます憧れを抱くようになりました。一方、四年生から六年生にかけて臨床医学を学ぶうちに、まずは、現場に出て患者さんを診《み》ることを経験したいと思うようになりました。

こうして、卒業後は内科医としてスタートし、卒業後三年目からは、血液内科医として、がんの患者を診るとともに、がんの染色体異常や遺伝子異常を解析する研究にも携わるようになりました。臨床の現場は非常にハードで、研究の厳しさも味わうようになりましたが、医師になってからの最初の数年間に、時間をしっかりかけて臨床と研究の基礎を学ぶことができたのは、今振り返ってみると大変幸運なことでした。

血液のがんは内科が主体となって治療方針を立て、全体の経過を見通せる点が魅力的です。また、がんの中でもよく研究が進んでおり、研究と臨床のつながりが強い分野でもあります。私が医師になってから一〇年もたたない間に、白血病に対する特異的な染色体異常を標的とした新しい治療法が開発され、研究の成果が治療法の進歩につながるところを目のあたりにすることができました。しかしながら、どれだけ治療法が進歩しても、それでもなお、難治性でなかなか治らない患者さんがいるのも現実でした。

臨床医から基礎研究の道へ

診療に携わる中で、同じタイプのがんであっても個々の患者さんによって治療への反応性が異なることを実感するようになり、また、がんで見られる染色体異常や遺伝子異常が明らかになってきても、どのようなメカニズムでそのような異常が生じるのかについては殆《ほとん》ど解明されておらず、未解決の課題に関心を抱くようになりました。このような思いは、のちに、「がんにおける遺伝的不安定性」という自分の根幹となるテーマにつながることになりました。

先輩の先生に進路を相談していたところ、幸運にも、希望していた基礎医学系の教室のポストが空き、即、異動を決断しました。一〇年余りの臨床の教室での経験を経て、基礎医学系の教室に移る決心をする際には、非常に緊張しましたが、それを乗り越えさせてくれたのは、「人生は一度しかない」ことを教えてくれた患者さんたちの姿であり、自分の背景をよく理解してくださっている恩師や家族や友人の励ましでもあり、そして、人生をかけて医学における自分のテーマに挑戦してみたいという自身の思いであったように思います。

現在の研究領域に異動して一〇年がたちますが、DNA損傷応答の制御のメカニズムは非常に複雑で、まだまだ分かっていないことが山積みです。これまでに分かっていなかったことが分かる時のワクワク感を味わえることを夢見て、タイトルにもあるように「ミクロの世界から生命の神秘と病気の原因に迫る旅」をしている気分で日々を過ごしています。

おそれず、あわてず、あなどらず

前述のとおり、私は、大学において放射線生物学の教育も担当しています。放射性物質の安全な取扱いを学ぶ実習の中で、「おそれず、あわてず、あなどらず」というキーワードを使って、気をつけるべきことを教えています。

実は、この「おそれず、あわてず、あなどらず」というキーワードには、人生の生き方の基本が盛り込まれていると思っています。仕事においては、キャリアのステージに応じて、さまざまな課題が生じます。また、人生においても、妊娠、出産、育児、介護、自身の健康問題など、さまざまなライフイベントが生じ得ます。ライフイベントを乗り越えながら仕事における自らの役割も果たすためには、周囲の支援もさることながら、本人の意識も大切です。

①おそれず……新しい道へ踏み出すことを恐れない。

一度しかない人生ですから、自分の可能性に自分で制限を設けないで、思いっきりチャレンジしていきたいものです。自分の特性や強みと弱みを知り、医学の中で何を自分の根幹のテーマとしていくのかという問いに真剣に向き合う必要があります。研究、診療、教育に割《さ》く時間は人によって違いますが、大学で働く場合には、どの領域に所属していても、研究マインドをもってその領域の発展に寄与することが求められます。未知の生命現象を探求し、科学の奥深さに触れることは、研究だけでなく臨床や教育の世界も広げ、未来の医学につながっていきます。このようなことを実感できるのは、医学研究の醍醐味《だいごみ》の一つだと思います。

②あわてず……周囲の状況に、あわてない。焦らない。

いろいろな事情により仕事に割ける時間が少なくなる時期においては、焦りが生じてしまいがちです。しかし、そのような時期こそ、中期的・長期的な目標を見失わないことが大切だと思います。その時々でやるべきことの優先順位を考えながら時間を大切に使って努力を積み重ね、将来への基盤を築いておけるかどうかで、数年後以降の展開が大きく変わってくると思います。

③あなどらず……仕事の厳しさ、責任の重さをあなどらない。

臨床の現場では、患者さんの命がかかっています。また、研究の現場では、常に成果が求められます。私は、研修医の時代から現在に至るまで、何人もの指導者の先生から「成果を論文として形にすること」の大切さを教わりました。生命科学・医学の研究では、発見したことを論文にまとめて投稿してから受理されるまでの道のりが長いことがしばしばあります。その領域のエキスパートである査読者に納得してもらえるようなデータを十分に示すことができるまで、地道に実験を繰り返さなければなりません。しかし、それを乗り越え、論文をブラッシュアップして発表できた時の喜びは格別です。

高校生を前に医学研究について語る(2011 年 11 月 20 日「サイエンスアゴラ 2011」にて)

「憧れ」を原動力に！

この本を読んでいる中高生の皆さんは、おそらく、将来の進路を模索しているのではないか、と思います。今後も、人生の岐路に立った時に、その都度、進む方向を選んでいくことになると思います。そんな時に思い出していただきたいのは、それまでに思い描いてきた「憧れ」、あるいは、「なりたい自分」です。

「三つ子の魂百まで」ということわざがあります。幼い頃に形成された性質や性格は年をとっても変わらないという意味ですが、きっと、「憧れ」も「なりたい自分」も、小さい時から徐々に形成されていくものでしょう。私自身、まだ人生の途上にあり、これから実現していきたいことが山積みですが、少なくとも高校時代に憧れた「研究者」になる夢は叶い、幼少時から憧れた「学校の先生」になる夢も、大学での医学教育や学生支援への貢献という形で叶っています。「母親」になる夢も叶い、現在、中高生の子育てを満喫中です。

医学は、人間、患者さんというマクロの世界の視点を持ちつつ、ミクロの世界から生命現象や病気の理解をより深めることによって、健康増進や医療の発展に貢献することが可能な、実に魅力的な学問であると思います。私自身、このような医学の魅力や奥深さを強く実感できるようになったのは、卒業後二〇年近く経ってからでした。これからも、心をこめて医学の道を歩み続けていき、一つでも多くの良い仕事をし、未来の医学・医療の発展に貢献できるように努力していきたいと思っています。

医学研究を志す中高生の皆さんが、それぞれの「憧れ」を原動力にして、あきらめずに夢に向かって歩み続けていただくことを期待しています。

現代暗号理論

尾形わかは

Wakaha Ogata

今日も楽しく暗号研究しています！

おがた・わかは

1966年生まれ．東京工業大学理学部卒業，東京工業大学大学院総合理工学研究科修士課程修了，同大学院理工学研究科博士課程修了．姫路工業大学(現兵庫県立大学)工学部助手，東京工業大学理財工学研究センター助教授，同大学院イノベーションマネジメント研究科准教授を経て，現在東京工業大学工学院教授．専門は現代暗号理論．著書に『現代暗号の基礎数理』(共著，コロナ社)など．

暗号研究者の仕事

私は、暗号研究者です。暗号研究者って、何をしているのでしょう。

現在の情報社会では、通信の安全性を確保するために暗号技術が使われています。たとえば、スマホの通信は無線で空中を飛んでいくわけですが、それが何者かに傍受《ぼうじゅ》されても通信内容が漏れたりしないように、必ず暗号化がされています。

暗号は推理小説などにも出てきますが、そこでの暗号は、すこぶる賢い人（たとえば怪盗ナントカ）が巧妙に情報を隠し、特別な知力をもった人（たとえば探偵ダレソレ）だけがその情報を得ることができます。でも現実の世界では、特別な人でなくてもスマホの通信は暗号化したいし、自分に送られてきた暗号化メールは読みたい。そこで、現在使われている暗号は、特別な能力が無くても誰にでも暗号が使えるように作られています。

誰でも使える暗号を作るために使われているのは、主に、整数論と呼ばれる数学です。そして、その〈暗号を作るために使われている数学〉は、暗号だけでなく、他のいろいろな「ネット上での困りごと」の解決に使えることが分かっています。たとえば、メールの内容なんて他人に見られても構わないよ、という人であっても、友だちからメールで知らされた待ち合わせ場所が、メールの伝送中に書き換えられていたら困りますね。そこで、伝送中に内容が書き換えられていないかをチェックする仕組みが使われています。これは「メッセージ認証」と呼ばれ、メールの後ろに短い確認用コードを付加することで実現します。別の困りごととしては、押印《おういん》できないことがあります。デジタルの世界では、ハンコを押した画像は誰にでも簡単に複製できてしまうため、赤いハンコの画像を付けてみたところで、信用できないのです。そこで、印鑑の代わりをする「デジタル署名」と呼ばれる仕組みが使用されています。メッセージ認証やデジタル署名は、〈情報を隠す〉という機能は持ちませんが、暗号に使われるのと同じ種類の数学を使って実現されているため、これらを全てひっくるめて「暗号技術」と呼んでおり、それらを対象に研究を行っているのが暗号研究者です。

今考えていること、していること

これまでの暗号研究者は、数学の力を使って、情報を手軽に暗号化する方法や、改ざんを検出する方法など、ネット社会の裏方として必要不可欠なものを作り上げてきました。では、今の暗号研究者は何を考えているのでしょうか。

最近、さまざまな情報を集めて解析することがはやってきています。大量のデータを集めて解析すれば、これまでは分からなかったような、役に立つ情報が得られるかもしれないのです。たとえば、鉄道の乗降記録を集め、どの駅をどんな人が何時に何人利用しているかというような統計データを解析すれば、駅周辺のマーケティングに活用できるはずだ、と考えた企業がありました。あるいは、多くの病院から患者の生活習慣や病歴などの情報を集めて解析すれば、新しい治療方針や予防策を見つけることもできるかもしれません。社会をより快適に、より良くしていくために、大量のデータを分析する手法に注目が集まっていますが、一方で、個人のプライバシーが脅かされるのではないかとも指摘されています。自分が毎日どの駅で何時ごろに電車に乗ってどこで降り、時々はどこで寄り道をしているのか、あまり他人に知られたくないと思う人もいるはずです。新しい予防策を見つけるためであっても、自分の生活習慣を自分の知らないところで使われるのはあまり気持ちの良いものではないでしょう。

知られたくない情報なら、暗号化してしまえば良いでしょうか？　残念ながら、普通に暗号を使うだけでは、あまり解決にはなりません。普通、暗号化された情報（暗号文）は、地理的あるいは時間的に離れたところにいる人へ渡され、そこで元の情報へ戻されます（復号）。患者が自分の生活習慣を封筒に入れて郵便で送り、受取人が封を開けるようなものです。患者の中を見られないように封筒に入れ（暗号化して）病院に渡せば、病院の職員には生活習慣を見られないで済みます。でも、各病院から暗号文を集めてデータ分析する人は、分析のために封筒を開ける（暗号文を復号する）必要があり、各患者の生活習慣そのものを見ることになります。

そこで、暗号研究者は、普通でない暗号の使い方を考えています。現在使われている暗号化方法には、〈暗号文の中身を知らなくても、暗号化された内容を操作できる〉という、とても便利な性質を持ったものがあります。たとえば、私の睡眠時間の暗号文と、他の誰かの睡眠時間の暗号文とから、二人の睡眠時間の合計の暗号文を作ったりできるのです。いわば、二枚の紙にそれぞれ数字を書いて別々の封筒に入れ、封筒を重ねて呪文をかけるとアラ不思議、封筒が一つに合体して、中の紙には二つの数字の和が書かれています、というようなものです。この性質を使うことで、データ分析者は各人のプライバシー情報を見ずに統計的な操作ができるようになるでしょう。ただ、暗号化したままの操作には制限があったり、通常の統計処理に比べて格段に複雑な計算をする必要があったりするため、実用化に向けて、暗号研究者がしなければならないことはまだまだある状況です。

暗号研究者になるまで

私は、子どもの頃から数学大好き。理系の大学に進み、大学の四年間は暗号とは関係のない物理学の勉強をしていました。卒業生の八割が大学院に進学する大学だったため、私も「なんとなく」大学院進学を考えましたが、量子力学で落ちこぼれ、物理学を続けることは断念。そこで大学院の入試説明会に参加したところ、とても楽しそうに暗号の研究紹介をしていた先生がいました。その先生は、「私は新しい暗号方法を考えました。この暗号を解読するのは、素因数分解と同じくらい難しいです」とおっしゃいました。今の若い人であれば、

仕事の相棒は，紙と鉛筆

「素因数分解はとても難しく、その難しさを利用した暗号が実際に使われている」ということを知っている人も少なくないでしょう。でも、私はその当時、素因数分解がどれほど難しいのか全く知りませんでしたし、数学と暗号の関係も知りませんでした。それで、「素因数分解と同じくらい」というのは、比喩《ひゆ》だろうと思ったのです。そして、なかなか面白いことを言う先生だな、あの先生の研究室に入ったら楽しそうだと、暗号理論の研究をする研究室に入りました。

大学院に進学して暗号の勉強を始めてすぐに、暗号と数学は密接に関係していて、「素因数分解と同じくらい」というのが、比喩でも何でもないということを知りました。英語の論文を読むのはとても大変でしたが、暗号の研究はパズル解きのような面白さがあることもわかりました。

大学院の修士課程は二年間。私の学生時代は、今より就職活動時期が遅かったように思います。大学院卒業後の進路について深く考えずに、のほほーんと一年生をすごし、三月に学生結婚をし、その後に子どもも生まれました。こうなると普通に就職することは難しそうですが、先生から「博士課程に進学しない？」と声をかけられました。暗号理論の研究は楽しいし、学生なら子育てと両立できるだろうと思い、博士課程に進学しました。

博士課程は通常は三年間。私の場合は、子育てや関西への引っ越しなどがあったため、三年半かけて修了。その後、先生の紹介で関西の大学に就職が決まり、晴れて大学教員となりました。

教育者としての仕事

大学教員は、自分の研究室に所属している卒研生（卒業研究をする学生）や院生（大学院の学生）の研究指導をします。教員になってしばらくの間は、私は自分の研究分野である暗号理論を学生に教え、暗号に関する知識を身に着けさせることだけを考えていました。ですが、卒業後も暗号の研究を続ける学生はほとんどいないのが実情です。そこで徐々に、暗号理論という分野に特化した知識や考え方でなく、分野を問わず研究者・技術者に必要なことを教える必要性を感じるようになりました。

読む必要のある文献を教えるのではなく、どうやって文献を探すかを教える。直感的に理解できるように、なるべく図を描く習慣をつける。このようなテクニック的なことを教える以外に、最近では「モデル化」の力を身に着けてもらうように心がけています。

「モデル化」とは、具体的な物ごとを一般化したり抽象化したりすることです。これによって、前提条件や取り組むべき物ごとを明確にできるのですが、これはまさに暗号理論では欠かせない作業なのです。暗号理論の研究では、何をもって安全と言えるのかをはっきりさせておかないと、「でも、こんな攻撃をされたら破られてしまうじゃないか」のような話がいくらでも出てきて、どんなに素晴らしい方法を考えても「やっぱり安全じゃないから使えない」となりかねません。そこで、まず安全性を評価したいもの、たとえば「暗号方式」をモデル化し(図1)、次に、安全ではない状態、すなわち「暗号方式を攻撃する悪者の勝利条件」をモデル化します(図2)。そして、悪者が勝利することは(ほぼ)不可能ということを、数学を使って証明します。

暗号理論の研究で使った「モデル化」が、卒業後にさまざまな分野で仕事をするときにも、

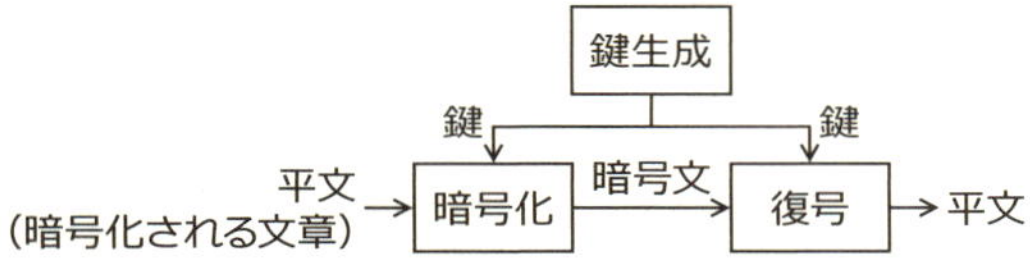

必要な条件：復号で得られる平文は，暗号化する前のものと同じ．

図1　モデル化された暗号方式(共通鍵暗号)

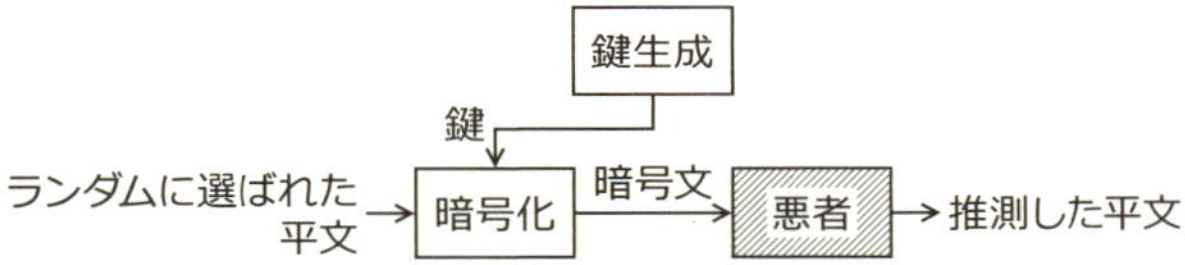

前提条件1：鍵は決められた手順で作られ，悪者が鍵を手に入れることは無い．
前提条件2：平文はランダムに選ばれる．
悪者の勝利条件：悪者が推測した平文が，暗号化する前のものと同じ．

図2　モデル化された暗号方式における悪者(暗号解読)

研究対象や課題を一般化して考えるのに役に立ってくれるといいなと思っています。

おわりに

思い返せば、行き当たりばったりで進路を決めてきましたが、幸い修士課程で出会った暗号理論という分野が性に合っていたようで、楽しく暗号研究者をしています。学生や仲の良い研究者仲間と、あーでもない、こーでもないと議論するのも楽しいですし、大量の数式と戦って証明が完成したときには、パズルのピースがぴったりとはまったときのようなスッキリ！　感が得られます。でも、そのうちに暗号とは別のものに興味が湧くかもしれません。もっとやりがいのあることが見つかったら、全く違うことであっても、気軽にチャレンジしようと思います。

読者の皆さんの中には、将来やりたいことが見つからない、わからない、と悩んでいる方もいるかもしれません。でも、今やりたいことに一生懸命になれば、いつの間にか進むべき道が開けてくるかもしれませんよ。

環境衛生科学
加藤嘉代子
Kayoko Kato

Curiosity makes you smarter!

かとう・かよこ

星薬科大学薬学部卒業．薬剤師．薬学博士．星薬科大学薬品分析化学教室助手を経て，現在は米国疾病管理センター，環境衛生センター，リサーチサイエンティスト(Centers for Disease Control and Prevention, National Center for Environmental Health, Division of Laboratory Sciences, Research Scientist)．共著にToxicological Effects of Perfluoroalkyl and Polyfluoroalkyl Substances (Humana Press)，Dried Blood Spots Applications and Techniques (WILEY)，Recent Aspect of Endocrine Disrupters-Measurement, Examination and Equipments (CMC)等．その他学術論文60報ほど．

アメリカの研究施設で働く

私はアメリカ合衆国の政府機関である疾病《しっぺい》管理センター(Centers for Disease Control and Prevention. 以下、CDC)環境衛生センター(National Center for Environmental Health. 以下、NCEH)に勤めています。CDCはアメリカのジョージア州アトランタに本部があります。日本のみなさんからは地球の反対側の遠くの世界ですが、近年はアフリカでのエボラウィルスの流行や、南米でのジカウィルスの流行、また、ウィルスや感染症などを題材にした映画や小説に登場することも多くあるので、日本で名前を聞く機会も増えてきたかもしれませんね。CDCでは(日本語訳でも〝疾病管理〟とありますように)人が健康で安全な生活を送るために、病気の発生を防いだり(予防法を提示したり)、治療法を探したりしています。そのため、人の健康を脅かすもの、ウィルスや細菌、有害物質などの外的要因だけではなく、生活習慣病などの調査も行っています。

私の働いているNCEH内の部署DLS(Division of Laboratory Sciences)では世界各

バイオモニタリング(Biomonitoring)の研究風景です．写真は筆者

国(三〇地域以上)から集まった四五〇人ほどの研究者が働いています。女性研究者も多く、半数近くを占めています。DLSでは、全米から集められた生体試料(血液や尿)から、環境化学物質(重金属、農薬、タバコ、食品添加物や、プラスチック製品などに含まれる三〇〇以上の化学物質)、またはその代謝物の分析法の開発を行い、実際に測定が行われています。その、環境化学物質の生体内暴露《ばくろ》量を調べることをバイオモニタリング(Biomonitoring)といいます。そしてDLSでは国内外の大学、研究機関との共同研究や、州立衛生研究所の指導なども行っています。

そこでの私の仕事は、まさにバイオモニタリングで人の体の中にどれくらい化学物質が入っているか、血液や尿を調べているのです。血液や尿中のたんぱく質など(検出目的物質以外のもの)をなるべく取り除き(サンプル調製)、高速液体クロマトグラフィーやガスクロマトグラフィー、質量分析装置などの分析機器を使って、ごく微量の化学物質(ng/mL(一リットル中にある一〇〇万分の一グラム)のレベル、またはppb(一〇億分の一の割合)のレベル)を測定するのです。さまざまな化学物質の分析方法を探すのはとても楽しいです。

スタートは、生体内中の化学物質の分析法の研究

みなさんは〝環境ホルモン〟という言葉を聞いたことがありますか? 一九六〇年代に発表された『沈黙の春』(原題『Silent Spring』)や一九九六年に発表された『奪われし未来』(原題『Our Stolen Future』)という本のタイトルを聞いたこと、読んだことがありますか? 日本では一九九八年に環境庁(当時)により「環境ホルモン戦略計画SPEED'98」が掲げられ、〝環境ホルモン〟という言葉は一時期とても有名な言葉になりました。環境中(空気、水、土、食べ物、埃や生活用品など)に存在する、人が作った化学物質が高濃度で生体内に入り込み、または高濃度に生体内に蓄積され毒性を表すということは、よく知られていました。しかし、ごく微量の化学物質であっても、人の体の中に入りホルモンのように作用して、体に悪影響をもたらす可能性があるかもしれないと懸念されはじめたのです。そこで、

環境中の化学物質が、実際にどれだけ人の体内中に入り込んでいるのかを調べること(できるだけ低い濃度も測定できるようにすること)は、とても重要なことなのです。なぜ重要か? それは数値をもとにして、その化学物質の人への健康影響を評価したり、さらに疫学《えきがく》調査に用いられたりして、病気の解明につなげることができるからです。

CDC→日本→CDC

その頃、私は星薬科大学薬品分析化学教室で助手としてはたらいており、中澤裕之教授(当時。現在は星薬科大学名誉教授)のご指導で、生体内中の化学物質の分析法についての研究を始めました。そしてその後、二〇〇一年に中澤教授のご尽力により、環境化学物質のバイオモニタリングで世界トップレベルのCDCに一年間研究留学する機会を得ることができました。実はCDCと聞いてもあまりぴんとせず、アメリカ本土を旅行したことのなかった私は、ジョージア州の位置も不確か、英会話のレベルもかなり問題あり……の状態で、今思えばよく生き延びたと不思議です。

生活の立ち上げは、同じく日本からバイオモニタリング研究のためにいらしていた研究者の方、同僚となるＣＤＣの研究員に助けられ、なんとか軌道に乗せられるようになりました。それでも、車の購入や電話回線の契約やなにやらと、もう既に忘れ去っていた大変なことを、今回の執筆により思い出しました。

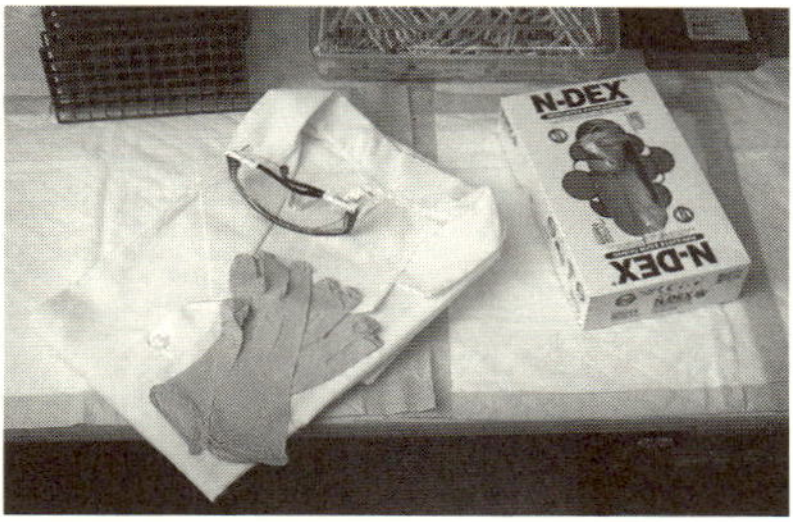

Safety is our highest priority. — Use safety equipment and personal protective equipment. 実験(動物／化学)をする上で一番大切なことは，安全に行うことです．実験中に怪我や，化学物質および病原性菌，病原性ウィルスの暴露などが起こらないように，防御することは本人の義務でもあります

英語が上達するには、夢(夜寝ているときの夢)を英語で見ればいいのよ～と軽く言われていましたが、一年の間では全くその域まで到達することはありませんでした。そして、当時は今ほどインターネットも普及しておらず、ダイアル回線でつないでいました。国際電話も二〇〇一年より前の時代と比べれば安くなっていましたが、今現在のお金をかけずに顔を見て話せることに比べれば、大変な時代でした。そのまた一

〇年前に研究留学された先輩方と比べれば、ずいぶんと整った環境だとは思いますが、いろいろな事が日々進歩しているので、一五年以上前を思い出すとあの頃の不便さが不憫《ふびん》でなりません。そして大学勤務時は、試薬の注文も電話一本で翌日手に入ったのに、CDCでは自分では注文できず(担当の方にお願いしなければなりません)、商品配送後も受け入れセンターに納品されるので時間もかかり、イライラ。分析機器が思ったように動かず、電話でサービスエンジニアと話をするも、私の英会話力不足であまり伝わらずイライラ。なかなか忍耐力のついた一年でもありました。研究留学してから一年後、CDCの同僚に盛大なお別れ会をしていただき、一生会わないものとお互いに思い、涙涙でさようならをしました。日本に戻った四月のその日は、非常に暖かく、桜も満開だったように思います。

その後、一年三カ月、星薬科大学で助手として働いたあと、また再びCDCに戻ることとなりました。帰って来た瞬間は、アメリカ生活の不自由さから解放されてほっとしていたはずなのですが、数カ月後にはアメリカに戻って頑張りたい気持ちになっていました。私は大学、就職と、ずっと同じ場所にいて、鳥かごの中でぬくぬくと守られていた状態でしたので、外に向かって飛び出すよい機会だったのだと思います。しかし、とても盛大に見送られただけに、たったの一年程で出戻りしたのは非常に恥ずかしかったです。出戻り後も英語を話すときは、頭の中で日本語で考え、英語に訳し、間違っていないか考え抜いた上に話し出す、という具合で、しゃべるより筆談のほうが早かったのですが、いつの間にやら口が先に出るようになりました。しゃべりながら、あ、今文法的に間違ったことを言ってしまった、と思うのですが、間違ったままでも意外に通じるもので、以前のようにもごもご話しているよりも、自信を持って間違ったこと(過去形を間違えたとか)を話しているほうが聞いてもらえるものなのだと思いました。

〝ザ(THE)・理系女子〟というよりは

私は日本で薬学部を卒業し、日本で薬剤師国家試験に合格した薬剤師です。昔も(今も?)薬学部に進学する学生は女子率が非常に高く、巷《ちまた》でいわれる〝ザ(THE)・理系女子〟は自分も含めてあまりいなかったように思うのですが、もしかしたら自分で気づいていなかっただけかもしれません。小学校〜高校も〝理系科目が大好き〟というよりは、読書が好き、世界史が好き、どちらかというと文系女子だったかもしれません。

大学では、「薬について学ぶ」だけではなく、化学、生物、物理といった基礎科目とともに、分析化学、有機化学、物理化学、衛生化学、生化学、微生物学、病理学、毒性学、薬理学、解剖学など、化学、生物分野において細かく科目が分かれて幅広く勉強することができました(医療薬学分野についてのこまかいところは割愛しています)。講義室で理論を学ぶだけではなく、種々の実習/実験などを通じ、学んだ理論の確認を行えることも楽しかったです。特に分析化学の実習では、酸やアルカリとの反応、指示薬による比色分析などを通じて、小学生の頃に土曜日だけ通った化学クラブのような楽しさを思い出しました。今手にもっている水(もちろんただの水ではないのですが)の中に何がはいっているのか、試薬や分析機器を使って調べることが、とても面白く思えたのです。そこで、卒業実習の教室を薬品分析化学教室に決めました。それ以来ずっと分析化学の分野、特に環境衛生化学分野で研究を続けています。とても残念なことに薬剤師として働いたことはないのですが、大学時代に薬学部で学んだことは、今の自分の仕事をする上でとても助かっています。

アメリカで働き、生活すること、そしてエール

アメリカ生活も一五～一六年と長くなり、今では三人の子どものお母さんでもあります。アメリカの公務員には産休、育休という制度はありません。一年間に定められた病気休暇や有給休暇を数年分ためて、それを使ってお休みします。そのため出産前日まで大きなお腹で働いている女性は多いです。私も三人とも出産前日まで働き、産後も六週間で仕事に復帰しました。子どもを生んだ後、すぐに仕事復帰するお母さんは多く、子どもの保育園を探す大変さは日本と変わりありません。妊娠中に子どもを待機リストにいれ、場合によっては子どもを預ける前から保育費を納める場合もあります。現在の職場では働くお母さんも多く、お互いに助け合って、恵まれていると思います。

今の自分であるために何か特別なことをしたかと問われれば、何もないかもしれません。ただ、いつの時も自分が興味を持てること(時々において興味の対象は変わりますが)に一生

懸命だった、それだけのように思います。そしていろいろなことに興味を持つことにより、発想も柔軟になり、自分の中で知識の引き出しが増えました。でもそれが一番大切なことかもしれない、とも思います。

日本だけではなく、アメリカでも女性に理系分野STEM(Science＝科学、Technology＝テクノロジー、Engineering＝工学、Mathematics＝数学の頭文字をとった言葉です)に興味を持ってもらおうと必死です。ここ数年はどこの学校も(もちろん小学校も)、"STEM certified school"にするべく、先生、保護者、生徒たちが一丸となって頑張っています。どのように頑張るかというと……保護者は寄付金を集めて、その寄付金で学校に実験室を作ったり、コンピュータールームを整備したり、化学実験教室を行ったりと、保護者が関与することで公立学校をよりよく変えていくのです。

今までは現職場において、自分の研究だけではなく大学、大学院を卒業したばかりの方々の研究指導もしてまいりましたが、これから先は、保護者としても尚一層次の世代の育成にも力を貸していきたいと思っています。

アトランタでも年々、日本からの研究留学生、大学院留学生が増えてきました。皆さんも機会があれば、ぜひ外国で勉強することも考えて下さいね。

最後にクラーク博士(William Smith Clark)のお言葉をお借りして“Girls, be ambitious!”

触媒化学、固体化学、放射光分光学

吉田朋子

Tomoko Yoshida

急がば回れ——紆余曲折の中で得たもの

よしだ・ともこ

1966年生まれ．工学博士(京都大学)．京都大学工学部卒業，京都大学大学院工学研究科博士前期課程修了，京都大学大学院工学研究科博士後期課程単位取得退学．名古屋大学工学部助手，名古屋大学大学院工学研究科助教授・エコトピア科学研究所准教授を経て，現在大阪市立大学複合先端研究機構教授．専門は触媒化学，固体化学，放射光分光学．

研究の楽しさ

私は現在、大阪市立大学人工光合成研究センターで、光触媒《ひかりしょくばい》を用いた人工光合成にかかわる研究を行っています。植物が太陽光のエネルギーを利用して二酸化炭素から酸素と糖類を作り出すことを光合成といいますが、太陽光を利用してこれに相当するようなことを人工的に行おうとするのが人工光合成です。大気中の二酸化炭素の濃度が上昇し地球温暖化を引き起こしていると考えられており、さまざまな対策(たとえば二酸化炭素の生成・排出量を抑制するためのシステムの高効率化や省エネルギー、二酸化炭素を地中に埋める方法など)が考えられ研究開発が進められているところですが、人工光合成はこの悪者にされている二酸化炭素をむしろ石油・石炭・天然ガス等の地下資源に代わる炭素資源ととらえて、あたかも植物のように太陽光を利用して、二酸化炭素を有用な化学物質に変換しようとする新しい技術です。そのカギとなると期待されているのが光触媒です。

現在私が研究している光触媒は、見た目はただの粉末ですが、これをある水溶液に入れ二酸化炭素を流しながらランプを使って光を照射すると、まだ僅《わず》かなのですが、二酸化炭素が確かに一酸化炭素に変化するのです。一酸化炭素といえば人間の体にとっては毒ガスにも相当する害のあるものですが、化学の力を借りれば容易に私たちが必要とする、さまざまな有用な化学物質や燃料やプラスチック等でもつくることができます。つまり、植物のように太陽光を使って二酸化炭素から有用化合物を得られるのです。

このように人工光合成は私たちの暮らしにとって大変重要な研究ですから、それに取り組み成果が出れば研究者にとってもこの上ない喜びとなり、成果が出るまでの苦しみでさえ楽しい事に感じられます。研究を続ける中で分からないことが分かったり、できないことができるようになったりするというのは、とても面白いです。皆さんが勉強をしていて解けない問題が解けた時の喜びに似ています。誰も成し遂げたことのないことを目指しているわけですから尚更です。私が今、仕事として苦労はしながらも充実した研究生活を楽しめることは、この上なくありがたいことだと思っています。

大学受験から研究室を選ぶまで

でも、中学生や高校生の時から将来このような研究を行う仕事に就こうと思っていたわけではありません。高校生の時には数学の体系の美しさにひかれて、大学では数学を勉強しようと思っていました。また、伝統ある京都大学に憧れていたので、自然な成り行きで京大理学部数学科への入学を目指し、当時はそれなりに勉強したつもりでした。

しかし、人生はそうは簡単には進みません。憧れの理学部数学科の入学試験に失敗し、さすがに少し考え直して、京都大学工学部石油化学科に入学しました。その続きの人生で、今の研究生活に至るのですから、終わり良ければ、ということでしょうか。同時にこの時ゆっくりと進路を選ばせてくれた家族には感謝しています。

大学では初めの三年間はいろいろな授業や実験を通して基礎を築きあげてゆくいわば準備期間であって、本格的に研究というものを体験するのは四回生として研究室に所属してからとなります。化学という大きなくくりから細分化された専門分野を選ぶ、すなわち研究室を選ぶ、というのはその後の進路を決める重要な分岐点となります。私が研究者を目指すようになったのは、特にこの大学の研究室の先生方に大きく影響を受けたのが始まりなのですから。ではよほどじっくり考えて選んだのかといえば、実は第一希望の研究室を選んだわけではないのです。これは今となっては単なる縁であったのかなぁと思っています。研究室を決める際、私はかつて数学が好きだったこともあって、化学について数学的にアプローチする、かの有名な福井謙一先生の出身研究室である、計算化学の研究室を第一志望にしていました。当時の研究室の所属先は同期の学生の間で調整することになっており、ある研究室への希望者が多くなるとジャンケンで決め、負けると希望者の少ないところに決まるという、いいような悪いようなルールでした。もしもジャンケンで負けた時には私の最も苦手分野の研究室になりそうだったこともあって、ジャンケンをしなくても済みそうな第二志望の研究室に入ることにしたのです。それが触媒化学の研究室でした。人生においては同時に二つを選ぶことはできず、もしもあの時こちらを選んでいたらと比べることもできませんから、今となっては何とも言えませんが、これも終わりよければ、でしょうか。選択する際には第一志望にこだわることも重要ですが、それよりもきっと、たとえ志望通りの環境ではなくても、その後にどれだけ努力ができるか、経験を豊かなものにできるかのほうがもっと大事なのでしょう。

研究者を志すまで

そうして所属した当時の研究室では、教授の吉田郷弘先生は毎日のように教授室で大好きな数式を解きながら計算プログラムの作成に没頭され、助教授の船引卓三先生は酵素系触媒に関する大作の著書の執筆に勤《いそ》しんでおられるように見受けられました。一方、私の直接の指導教官であった助手の田中庸裕先生は、放射光実験、共同研究、学会・研究会のため出張が大変多くご多忙でしたが、やはり、存分に研究を楽しんでおられるようでした。いつも学者仲間や卒業生の来訪で賑わっている先生方の居室を眺めながら、「これほど楽しい職業は他にはない」と、いつしか私は研究者に憧れていったのです。またこの研究室には「よく学びよく遊べ」と「自由に研究せよ」の伝統的精神が受け継がれていたため、学生が自主的に好きなテーマで勉強会を企画したり、他研究室と共同研究を計画したりすることも推奨されていました。先生方は、たとえ学生であっても独立した研究者として扱って下さっていたのだと思います。研究に対して常に自由に議論できる環境と、大変個性的かつ魅力的な師と仲間に恵まれた私は、次第に真理を探究する研究者に信頼感や親近感を覚えるようになりました。

実は私は、どちらかといえば不器用な方で、小学校の頃から家庭科も大嫌いで、化学の実験も得意な方ではありませんでした。研究室に入る前も入ってからも周りの友だちや先輩には、よく助けてもらっていました。その点では、今でもあまり成長していないかもしれません。当時の研究室でもそれを見抜かれたのでしょうか、実験重視の研究テーマではなく、X線吸収スペクトル(XAFS)、特にX線吸収端近傍構造(XANES)と呼ばれるスペクトルを触媒キャラクタリゼーションへ応用することが研究テーマになりました。独自の方法でスペクトルの解析《かいせき》を試みながらその解析法を確立してゆこうとする研究です。それなりに自分でも頑張って、そして先生方の熱心なご指導のおかげで、新たな解析方法を確立することができました。成果は国際学会での発表を経て論文(英文)にもまとまりました。とてもとてもうれしかったことを覚えています。おそらく私が研究の楽しさを感じ、研究者を志したのはこの頃だったと思います。そして博士課程へ進学し、さらに研究を続けました。この時のXANESスペクトルの解析方法は、固体触媒だけでなく、さまざまな機能性材料や、生体・非晶質系にも適用できる簡便且《か》つ強力な手法となるまで育っていったのです。自然科学という大きな流れの中で、地味ではありますが、少しでも貢献できたことは、相当な喜びです。

異分野への挑戦

初めはただ自分の研究が楽しくて博士後期課程に進みましたが、就職時に一つの転機を迎えました。博士課程までは自分の意志でものごとを決め、努力を積み重ねれば学位を得られます。しかし就職は結婚と同じで相手のあることですからそうそう思い通りには進みません。よく、博士課程まで進学すると就職できないなどと言う人がいますが、それは誤解を生む言い方で、実際にどこにも就職できなかったという人にはまだ会ったことはありません。就職の時に自分の望み通りのところに行けるかどうかは、他の進路を選んだ人と同じだと思います。

その頃既に私は学生結婚をしていて、同期の夫は私より先に名古屋大学に助手として就職を決めていました。そんな折に、同じ名古屋大学に無機固体材料研究室に助手の口が見つかりました。大学の助手になれるということは、博士課程の学生にとってはその後も長く同じように研究を続けられる可能性が高いということですから、こんなに良い話は無いと思いました。ただし、研究分野がこれまで続けていた固体触媒ではないことだけが不安でしたが、固体触媒だって無機固体だからと良いほうに解釈して就職しました。ところが一口に無機固体材料といっても大きく趣《おもむき》が変わり、原子炉や核融合炉を構成する固体材料が、放射線によってどのように損傷するかという異分野での研究を田辺哲朗先生のもとで一から始めることになりました。

しんどい時にこそ

こうして助手・助教授時代は主に触媒化学からは離れた分野で研究をしていました。でも、原子核工学という新たな研究分野に華麗に転身をしたわけではなく、研究室の即戦力となりたいと願いつつも、正直なところ放射線を取り扱う実験が最初は怖くて過度に緊張していました。そんな私を知ってか知らずか、教授の田辺先生は、各地の研究炉での照射実験に私を次々と放り込み、放射線取扱主任者の試験を受験させ、「知らないものに対する漠然とした恐怖」を払拭《ふっしょく》させて下さいました。そして、いかなる状況に置かれていてもリラックスしその状況を最大限に楽しむことが研究の醍醐味《だいごみ》であること、無意味に深夜まで研究することは美徳ではなく短時間で研究効率を上げること、自らの仕事はいつでも中断・再開できるように努め学生指導に注力すること、を教えて下さいました。そのお蔭でひとまずは基礎に立ち返って、目の前の物理化学現象を理解しようと考えるようになりました。その後、私は原子核工学についての知識・技術を吸収しながら、学生たちと一緒に実験の失敗や試行錯誤を繰り返し、一見回り道のような事こそが自分自身と学生たちの成長に必要であることを知りました。

またこの間に私は二人の男の子を出産しました。妊娠中には放射線を扱う実験はできません。けれど学生たちは自主的に研究を進め次々と素晴らしい成果を出してくれました。そんな学生たちや先生方、食堂のおばさんたちにまで、赤ちゃんが生まれてくるのを楽しみに温かく見守ってもらえたのが嬉しく心強かったものです。

現在の研究のこと

そして縁あって、現在の大学に研究室を持てることになりました。せっかくなので少し研究の内容をご紹介します。冒頭に説明したように、人工光合成のための光触媒の研究をしています。たとえば具体的には、酸化ガリウムの粉末の上に銀ナノ粒子をつけると、酸化ガリウムが紫外線を吸収して、この粉末の表面に吸着した二酸化炭素が一酸化炭素に変換されます。この際に、どのように二酸化炭素が表面に吸着してから一酸化炭素に変わっていくのか、どのような構造をした酸化ガリウムが良いのか、添加された銀ナノ粒子はどのような役割なのか、どのような大きさで存在するのがいいのか等々、光触媒の構造と機能と触媒反応にはまだ解明されていないことが沢山あります。これらを理解しないと、もっと効率の良い光触媒を作るうえでの方針が立ちませんので、このような基礎研究はとても大切なのです。人工光合成の研究というと、一刻も早くもっと高効率なシステムの開発を目指すべきだと考えるのが一般的でしょうし、もちろん早いにこしたことはありませんが、やはり急がば回れです。特に大学ではじっくり考え、試行錯誤を繰り返すことができ、それによって新しい発見や発想の転換もできる場所だと思います。今まさに、これまでに得てきた分光学のノウハウを総動員して、今この人工光合成という課題に取り組んでいるところです。詳しくは別のところで紹介できるかと思いますので、興味があれば探してみてください。私に直接に聞いてくださってもかまいません。

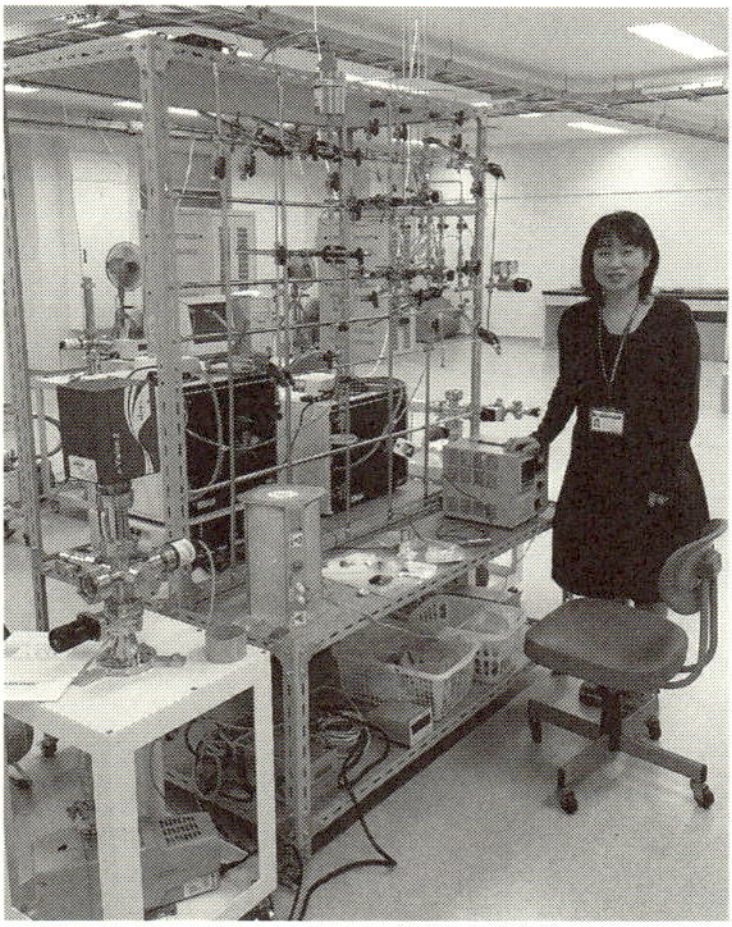
大阪市立大学に実験装置等を移動したばかり．これから新しく研究室を作っていきます

最後に

研究はまだ答えのわかっていないものを見出していくものなので、好奇心を満たすという意味でも、これが人類の役に立つという観点からも、非常に楽しく感じられます。予想を立て、実

験・計算で試し、結果を待つ時にはまるで子どもみたいに心がときめくものです。そして一連の結果・考察を学会で発表し、最終的に半永久的に残る論文として完成させると、とても達成感を覚えますし、国境や世代を超えて私の研究に他の研究者や皆さんが興味を持ってくれたら、これほど嬉しいことはありません。

研究者同士の交流もまた楽しいものです。共同研究もそうですが、国内外の学会に参加すれば研究を進める上での大きな刺激を受けますし、他の研究者の研究成果や研究スタイルに感動することもあります。私の場合で言えば人工光合成ですが、どの分野にしても、世界中で同じ目標に向かって研究が進んでいるなんて、それだけでもワクワクしませんか?

研究は自然現象・物質との対話のようなもので、とても稀ではありますがその美しさに感嘆する時さえあります。これからもまずは自分自身が楽しみつつ、そして皆さんにも楽しみを伝えつつ、さらには研究成果によって社会に貢献できるよう、頑張っていきたいと思っています。

ケミカルバイオロジー、マラリア研究
加藤（坂田）知世
Tomoyo Kato-Sakata

天然物化学からマラリア研究へ

――研究者であり続けること

かとう(さかた)・ともよ

名古屋大学理学部及び同大学院理学研究科にて天然物有機化学を学ぶ．修士課程修了後，京都大学大学院農学研究科に進み化学生態学で博士号を取得．スタンフォード大学をはじめ，さまざまな大学および研究機関にて多岐にわたる研究に携わる．2013 年-18 年 8 月までハーバード大学公衆衛生学部にてマラリアの研究に参加．現在は中国に移り，Global Health Drug Discovery Institute にて伝染病研究室の立ち上げに参加し，新規抗マラリア剤の開発を進めている．

二〇一五年のノーベル医学生理学賞は、天然物由来の回虫感染症薬の発見で大村智《さとし》、William Campbell両博士に、マラリア感染症薬の発見で屠呦呦《ト・ユウユウ》先生に贈られましたが、この授賞は私にとって大変嬉しい知らせでした。というのも私が名古屋大学で最初に学びその後の研究活動の基礎となったものが天然物有機化学であり、また現在ハーバード大学で携わっている研究がマラリアの生物学なのです。もちろんノーベル賞がサイエンスの目標ではありませんが、身近な研究が評価されたことには心が踊りました。ところで、マラリアの生物学と天然物有機化学、両者の研究内容は全く異なります。そこでまず最初に私の現在の研究対象であるマラリアについて、日々の研究の様子とあわせて紹介をし、続いてどういう経緯でこの研究にかかわるようになったかをお話ししていきたいと思います。

「顧みられなかった」熱帯病、マラリアとは

二〇一三年の三月から、私はマサチューセッツ州にあるハーバード大学で、人類が大昔か

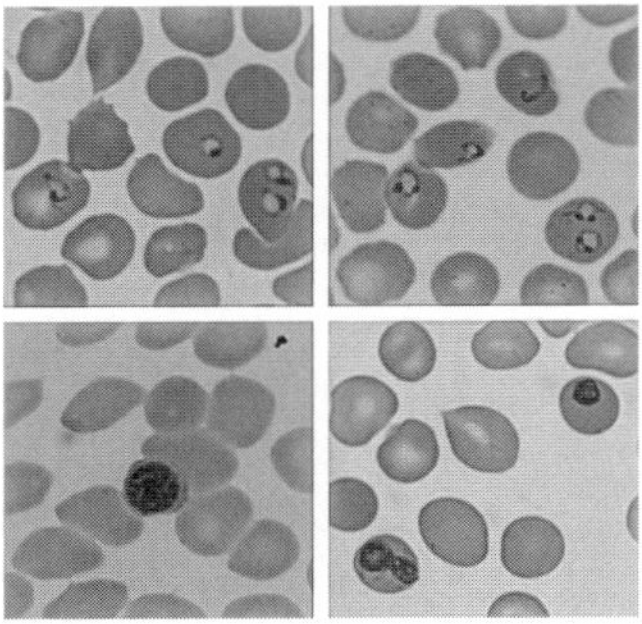

赤血球内で成長する blood stage のマラリア原虫(*Plasmodium falciparum*). 左上から時計回りに約 12 時間ごとの成長を示す. 下の写真の内, 左下の写真の原虫は, 既に数十個の原虫に分かれ, 赤血球を飛び出す寸前

ら戦ってきたマラリア感染症を引き起こすマラリア原虫を研究しています。エジプトのミイラから原虫のDNAが見つかったといいますから、マラリアとの戦いの歴史は紀元前にまで遡《さかのぼ》ります。日本でも古来「瘧《おこり》」と呼ばれていた熱病がマラリアと考えられている他、一九三〇年代頃までは年間数千人から数万人の患者が発生しており、特に第二次世界大戦時には八重《やえ》山《やま》諸島において多くの犠牲者を出したことが知られています。後述しますが、日本も含めいわゆる先進諸国においては既に国内におけるマラリア原虫を根絶し、現在では流行地で感染し帰国後に発症する、いわゆる輸入マラリア感染患者が見られる他、この病気が流行することはありません。しかし世界に目を向けると熱帯、亜熱帯地域を中心に今でも感染者は数億人、死者も年間一〇〇万人と推定されており、「顧《かえり》みられなかった」熱帯病として昨今取り上げられることも多くなりました。

さきほどマラリア原虫と呼びましたが虫ではなく、複雑なライフサイクルを持つ寄生性単細胞生物です。蚊の唾液腺に寄生した原虫(mosquito stage)は、吸血時にヒトへ移りまずは肝細胞に侵入し(liver stage)、数日から数週間で血液中の赤血球に寄生するようになり(blood stage)、再び吸血によってmosquito stageに戻ります(興味のある方は、米国疾病管理センター(CDC)が公開しているマラリアライフサイクル図(http://www.cdc.gov/malaria/about/biology/index.html)を参照して下さい)。それぞれのステージ(stage)において環境に適応しながら爆発的に増殖し、特にblood stageでは、増殖しては赤血球を破壊して飛び出し次の赤血球に侵入することを繰り返すので、感染者は高熱などのマラリア症を発症するのです。

マラリア原虫はヒトと蚊を宿主として広がっていきます。そのため薬による感染者の治療と新たな感染を防ぐ対策をたてていく、その両方を行うことが重要です。ワクチンは未だ完成されておらず、感染を防ぐ方法はマラリアを持つ蚊に刺されないことに尽きます。かつて先進諸国では、マラリア治療薬の普及と共に蚊避け薬剤や殺虫剤の使用などで感染の広がりを抑え、マラリアの根絶に至りました。ではなぜ現在もマラリアが流行している地域があり、その危険性が強調されるのでしょうか。幾つかの理由が挙げられます。一つには、蚊のいなくなる季節の無い流行地においては、蚊をコントロールすることがそれ以外の地域に比べ、はるかに困難だからです。もう一つの理由、そして一番問題となっているのは、マラリア流行地において薬の効かないマラリア原虫(薬剤耐性型)が増えたことです。

欧米諸国においては一九四〇年代からクロロキンという薬が使われるようになりました。非常に効果的で多くの人命を救った奇跡の薬だったのですが、これをマラリア流行地で使い続けた結果、クロロキン耐性型のマラリア原虫が広がってしまいました。その後、新たな抗マラリア薬がいくつも開発されたのですが、これらにも導入されてから僅《わず》か数年で耐性型の原虫が見つかっています。数年前に私が所属している研究室で世界中から集めたマラリア患者の血液サンプルを遺伝子解析した結果、クロロキンが効く原虫は存在せず、また全て何らかの薬剤に対して耐性を持っていることが判りました。幸運なことに、一九七二年に屠呦呦先生がマラリア治療用の漢方薬からアーテミシニンを発見されていました。少々変わった構造を持つこの分子及びその誘導体は、今世紀に入ってから薬剤耐性型マラリアに対する最後の砦《とりで》として使用され始め、マラリアの死亡率を劇的に減少させています。

マラリアの研究——標的分子の同定と新しい分析方法の開発

さて私は現在、新しい抗マラリア薬を開発するための基礎的な研究を幾つか行っています。アーテミシニン系の薬があるのになぜ新薬が必要かといいますと、実は五年程前から一部のマラリア流行地でアーテミシニン系薬の効きが遅い症例が報告され始めたのです。それを受けて多くの研究者が調査した結果、耐性が発生したのは間違いなく、新薬の開発が急務となりました。

現代の新薬開発は、ライブラリと呼ばれる分子化合物のコレクションの中から、望まれる薬理活性のある分子を探し出す(スクリーニングする)ことから始まります。ライブラリには製薬会社や研究機関の化学系研究員が長年合成し蓄積してきた何百万もの化合物が含まれていますが、その中から、たとえば抗ガン剤開発の場合では、正常細胞には無害で且《か》つガン細胞を殺す化合物を選び、その構造を少しずつ変えながらより安全で効果的な薬を開発していくのです。私の研究室の Dyann Wirth 教授が associate member として所属するブロード研究所では、これまでの薬とは全く異なる化合物群で構成されたライブラリを開発していました。これを使って同研究所でマラリア原虫に対してスクリーニングを行ったところ、全てのステージ、さまざまな薬剤耐性型に有効で安全性にも優れている有望な化合物を幾つか発見しました（その発見者は、同研究所で抗マラリア薬の開発研究を行っている夫だったことを付け加えておきます）。

有望な化合物が発見されたことで、次にこれらの分子構造を元に薬としてさらに望ましい化合物を開発していくのですが、この過程で化合物がマラリア細胞内の何を阻害しているかその標的分子が解《わか》ると、その後の開発に大変便利です。また、新薬には標的分子がこれまでの薬とは異なることが望まれています。Wirth研究室ではさまざまなマラリアに関する研究を行っていますが、抗マラリア薬の作用機構の解明もその一つで、これまでにも幾つか標的分子の同定を成功させていました。そこでブロード研究所の抗マラリア薬開発チームとの共同研究という形で、特に有望な化合物のうちの二つについて、私がその標的分子を同定することになりました。

その研究の際に使った手法は「resistance selection」というものです。一言で言うと高濃度の活性分子の存在下でも生き残る耐性のある原虫を増やし、その遺伝子解析を行うという方法です。これにより活性分子が標的分子に結合しにくくなった原因となる突然変異、即ち標的分子を同定することができますが、かなり時間と手間のかかる実験です。活性分子の投与を始めると数日で生きている原虫が顕微鏡下で見つからなくなります。その後は培養液を交換しながら生き延びた原虫が増殖するのを待ちます。うまく行けば数週間で原虫が観測できるようになりますが、これに活性分子を投与すると大抵の場合原虫は再び死に始めます。この活性分子の投与そして原虫の復活というサイクルを数回繰り返すと、活性分子を与えても死なない原虫が増えてくることがあります。この原虫を使って活性分子の半数致死量を調べ、以前より値が大きくなっていれば(つまり原虫を殺すのに以前より高い濃度が必要になっていれば)、耐性型の出現と判断できます。後はこの耐性型を一匹の原虫から増やしてクローン株を作り、ゲノムＤＮＡを取り出し遺伝子解析を行います。しかし言うほど簡単なことではなく、一回目の活性分子の投与から耐性型クローン株を作るまで半年程かかることもあれば、全く耐性型が現れないこともあるのです。それでもこの方法で、私は二種類の活性分子の標的分子同定に成功しました。一つは前年に別の研究チームが全く異なる抗マラリア薬の標的分子として報告したある酵素でしたが、もう一つは新規の標的分子でした。この結果には、夫をはじめブロード研究所のマラリアチーム共々おおいに喜びました。研究自体は地道な作業の積み重ねであり、成果が出るまでに時間もかかりますし、時間をかけても成果が出ないこともあります。それだけに興味深い結果が出たり新発見があった時には非常に嬉しく、さらに先へ先へと研究を進めたくなるのです。この標的分子同定の結果は、大きな論文の一部として学術誌に近々投稿する予定です。また標的分子が明らかになった活性分子は、ブロード研究所のマラリアチームがマラリアの新薬とするべく、さらに研究開発を進めています。

さて私にとってマラリア研究の醍醐味は、第一に「顧みられなかった」熱帯病であるマラリアの新薬開発に貢献できるということが挙げられます。そして第二に、世界で誰もまだ知らない事実を発見する可能性があるということです。私のもう一つの研究テーマは、抗マラリア薬の標的としても注目を集めているミトコンドリアの働きを調べる方法の開発です。ミトコンドリアは細胞内に存在する小さな器官で、多くの真核細胞ではエネルギーを作り出す重要な器官として非常に詳しく研究されています。しかし複雑なライフサイクルを持ち肝細胞や赤血球の中に潜むマラリア原虫は、他の真核細胞に比べ生物学的にまだまだ不明な点が多く残っているのです。この研究では試行錯誤の結果、ある測定装置を使って原虫のミトコンドリアの機能を計ることに成功しました(この装置をマラリア原虫に対して使ったのはおそらく私が世界で初めてです!)。そして開発した方法を用い、さまざまな化合物に対するミトコンドリアの反応を調べた結果、原虫のミトコンドリア機能に関し多くの発見をすることができました。またその研究の延長線上でミトコンドリア内の標的分子の同定を行う方法も開発し、現在も実験を重ねています。

Wirth研究室において私はこれら以外にも研究テーマを持っています。研究発表の準備や論文執筆に追われながら、毎日原虫の世話をしつつ、並行して実験データを積み上げなければなりません。また研究に関連する論文に目を通すことも必要です。時間的にも体力的にもなかなか厳しいですが、やりがいのある刺激的な研究生活に満足しています。

有機化学を基盤にさまざまな研究分野を渡り歩く

先にお話ししましたが、私が最初に研究者としてトレーニングを受けたのは、名古屋大学の天然物有機化学研究室でした。元々は中学生の頃に『生命を探検する――分子生物学入門』(和田昭允監修、坂井孝之・小枝一夫著、講談社ブルーバックス)という本を読んで生物学に興味を持っていたのですが、高校では生物の授業が無く、化学の中でも生命現象にかかわり合いの深い有機化学に惹《ひ》かれました。そして高校二年の時、合成染料開発の歴史小説『アニリン――科学小説――』(シェンチンガー著、藤田五郎訳、法政大学出版局)を読み、分子がさまざまな色の元となることや、試行錯誤を繰り返した開発過程に魅せられ、有機化学を専攻しようと決めたのです。名古屋大学理学部では二年間の教養課程で数学や物理学など広い範囲の理学系の授業を受け、三年次に化学科専攻を決めた後、量子化学や生物化学などのより専門的な化学の授業を受けました。三年の間にさまざまな学問分野に触れる機会があったわけですが、有機化学に対する興味は薄れることなく、四年次には希望どおり天然物有機化学研究室に所属しました。

天然物有機化学では、植物や細菌などさまざまな生物から生理活性や複雑な構造を持つ分子を単離・構造決定し、より簡単な化合物からの全合成を行います。私の場合、指導教授から、ツワブキの毒成分ピロリチジンアルカロイドの合成研究というテーマを卒論として与えられました。天然物合成では合成ルートのデザインから試薬の選択まで、専門的な知識と経験が必要です。当然、初心者の手に負えるはずもなく、指導教官が考えた合成ルートに従い、先輩に指導してもらいながら合成反応を行いました。反応を終え目的物質を精製した後、分子構造を確認し次の合成反応に進む、という過程を繰り返して最終目的物を目指すわけですが、最初の合成プラン通りに進むことはまずありません。途中の反応で目的物以外の分子が生成し、数段階前に戻って別ルートを試すこともありました。最終段階近くでの合成反応の収率(理論上の収量に対する実際の収量)が悪く、三カ月ほど反応の温度を変えたり別の試薬を試したりといった反応条件の検討を続けたこともありました。

この研究室では修士課程修了までの三年間、大変厳しくトレーニングされたと思います。こうした実験での合成テクニックの習得の他に、数々のセミナーや勉強会が毎日のように行われ、ついて行けなかったこともままありました。また週に一回、研究の進行状況を研究室のメンバー全員の前で説明する報告会もあり、毎回非常に緊張したものです。日曜以外は朝から夜中まで実験とセミナー準備に追われた三年間と言えます。けれどここで得た経験と知識、忍耐強さが、その後のさまざまな研究分野での研究生活を支える技術的そして精神的な基盤となったのは間違いありません。

修士号を取得した後、同研究室で博士課程に進みたいと考えていたのですが、指導教授の薦めもあり他分野に進むことにしました。そこで選んだのが化学生態学です。当時、月刊「化学」という雑誌に、生物間の化学物質による情報伝達を解明するという大変面白い記事が連載されていました。これが化学生態学という研究分野であることを知った私は、有機化学の知識が生かせると考え、大学院受験を経て、記事の執筆者である深見浩先生がかつて教《きょう》鞭《べん》をとられていた京都大学の化学生態学研究室にて博士号取得を目指すことにしました。研究テーマは、コナダニ類とササラダニ類の体表成分の分析です。ダニといっても大型で吸血する「tick」では無く、小さくてほとんどは無害な「mite」です。ただコナダニ類はアトピーの原因として、また時に小麦粉の袋の中で大発生して問題となることもあります。一方ササラダニ類は、土壌を豊かにするという生態系にとって重要な役割を担っています。彼らは体長一ミリメートル程度、顕微鏡を使わないと動く砂粒にしか見えません。その体表成分ですから大量に飼育しても、混合物の状態で数ミリグラムしか得られません。しかも揮発性低分子を含み、長く乾燥すると無くなってしまいます。扱いに気を使う物質が多かったのですが、天然物有機化学研究室で得た機器分析能力と合成技術を使い、コナダニ類からいくつかの新規化合物を同定することができました。さらにササラダニの体表成分を分析すると、あるグループにはコナダニと共通の成分が見つかるのに、より進化したと見做《みな》されるグループには存在しないことが分かりました。形態学的考察からコナダニ類はササラダニ類から派生してきたという仮説があります。ここから体表成分を使ったダニの化学分類という研究テーマが浮かび、さらに多くのササラダニ類を分析し、前述の新規化合物の単離同定と合わせ博士論文に纏《まと》めることができました。

ところで、化学分類の結果をオーストラリアで行われた国際ダニ学会で発表した際、ササラダニの系統分類で高名なニューヨーク州立大学の Roy Norton 教授に会う機会に恵まれました。博士号取得後さらに研究を深めたいと考えていたので、日本学術振興会の特別研究員として彼の指導を受けたいとお願いしたところ、快く受け入れてもらい渡米が決まりました。その後一年半、ササラダニを採集し種の同定方法を学びつつ、系統分類学的に興味深い種の体表成分を重点的に調べました。興味深い研究結果を幾つかの学術誌に発表することができましたし、何より興味の赴《おもむ》くまま研究できるという幸せな研究生活を送ったと思います。この大学にはその後二年ほど滞在し、化学生態学研究室のポスドク(Postdoctoral researcher =博士号を取得した若手研究者)として樹木害虫であるカミキリムシの誘引物質を探すという研究にも携わりました。しかしダニ学や化学生態学は大きな予算を獲得するタイプの分野ではなく、この分野での研究を続けられる次の職は見つかりませんでした。そしてここから研究職を求めて転々とする日々が始まったのです。

当時、夫がウィスコンシン大学で博士課程に在籍していたので(マラリアを媒介する蚊の研究をしていました)、ニューヨーク州からウィスコンシン州に移り、語学学校に通いながら就職先を探すことにしました。この頃日本人研究者に会う機会も多く、その度《たび》に研究活動から離れていることを歯がゆく感じたものです。そんな折、合成のできるポスドクを探していた同大学の Gerard Marriott 教授に出会い、光で制御する分子プローブ(生体内における分子やタンパク質の機能や動向を調べるための道具となる分子化合物)を開発する研究に参加することになりました。光によって形が変わる分子を合成して、タンパク質の機能を制御したり、金属イオンの濃度測定に利用したり、新しいタイプの顕微鏡で用いる染料として利用したりするのです。合成したプローブを実際に使用する時に使う測定機器や顕微鏡などは初めて使うものが多く、一から勉強することも数多くありましたが、目的に合わせさまざまなタイプの分子プローブをデザインし合成するのはとても楽しい経験でした。

研究にも慣れ幾つか論文も発表した頃、夫がカリフォルニア州サンディエゴにあるスクリプス研究所の Elizabeth Winzeler 教授にポスドクとして採用されました。そこで多少迷いましたが私もサンディエゴに移ることにし、一年ほど遅れて隣接する製薬会社ノバルティスの研究所(GNF)に医薬品化学のポスドクとして職を得ました(余談ですが、就職の面接では、大勢の研究員たちの前でそれまでの研究結果を発表しました。渡米して初めての英語での発表で、ものすごく緊張したのを覚えています)。

参加したプロジェクトは Winzeler 教授とGNFの共同プロジェクトで、抗マラリア薬の開発です。GNFが所有するライブラリから見つかった抗マラリア活性物質(screening hit

＝ヒット化合物）を元に、分子構造を少し変えた化合物（analog＝アナログ）を合成し、活性を調べ、その結果を元に再びアナログを合成します。これを繰り返して、薬として開発を進めるのに値する性質を持った化合物（lead compounds＝リード化合物）を合成するのです。抗マラリア活性だけではなく、人への毒性や、体内で分解されるまでの時間、血液中に溶け出す割合など、薬としてクリアしなければならない基準は沢山あります。二年間で数百のアナログを合成しましたが、私が担当したヒット化合物からリード化合物を作ることは叶いませんでした。

　このプロジェクトには夫も参加しており、マラリア原虫や抗マラリア薬について教え合うことができる、プロジェクトに関する意見の交換ができる、お互いの仕事のスケジュールを把握しやすい、などという利点がありました。しかしここでのポスドク職は私にはあまり快適ではありませんでした。企業の研究所だけに一時契約のポスドクには多くの制限があり、また数多くの化合物を合成すること、すなわちライブラリを大きくすることに重点がおかれ、発見、仮説、検証という研究の醍醐味をあまり感じられなかったのです。ただ、製薬会社における薬の開発の仕方を実地で学べたこと、合成の知識と技術をアップデートできたことは大きな収穫でした。

GNFでの経験からIndustry(企業)ではなくAcademia(大学)で研究活動を行いたいと私は強く考えるようになりました。そしてGNFとの契約が終わりに近づく頃、当時興味を持ち始めていたChemical Biologyをキーワードに大学のウェブサイトを見て回った結果、北カリフォルニアにあるスタンフォード大学のJames Chen教授の研究が目に止まりました。さっそく研究員として雇ってもらえないか問い合わせたのですが、返事はありません。しかし半年ほど経った頃、研究予算を獲得できたのでしょう、連絡を頂き面接を経て採用されました。アメリカの大学では、ポスドクは基本五年までしかできません。それ以降は研究職の大学職員(scientist, research associate など)として扱われます。ポスドクに比べ給料が上がりますので、大きな予算を獲得している研究室でないとこのポストはありませんし、雇われた研究者にはそれ

マラリア原虫の培養．ヒト赤血球を加えた培養液の入ったフラスコ内で原虫を培養する．フラスコはヒトの体内に似た条件(37度で低酸素)を保つ特別のインキュベーター内に入れる

に見合う知識、技術、経験を期待されます。Chen 教授が予算を獲得した研究は、ライブラリのスクリーニングを行ってヒトの細胞内シグナル伝達の阻害剤を見つけるもので、GNFで合成化学者としてスクリーニングにも参加した経験が買われたのだと思います。またウィスコンシン大学で分子プローブの開発をしていたことも、彼の興味を引いたようでした。この研究室では合成の他、さまざまな生物学的実験を行い、細胞生物学者としてのトレーニングを積むことができました。興味深い性質を持つ阻害剤を発見しプロジェクトは順調に進んでいましたが、夫がブロード研究所の正規研究職員に採用されたのを機に、ボストンでの職を探し始め、今の所属に落ち着きました。

おわりに

日本でもアメリカでも、研究者であり続けるのはなかなか大変です。長年携わってきた研究分野も職がなければ続けられません。かといって全く経験の無い分野で雇ってもらえる可能性は低いでしょう。幸いにも私は有機化学の分野でトレーニングを受け、これを元に他分野で新しい知識と技術を習得し経験を積むことができました。それがキャリアの幅を広げたともいえます。現に現研究室の Wirth 教授には面接時、さまざまな学問分野で研究を行ってきた私の経歴が気に入ったと言われました。

学術学会での発表．多くの研究者と交流する機会であるとともに，自分の研究を客観的に見直す機会でもある

ただ、私のように研究室を渡り歩くというやり方は、日本ではあまり見られないかもしれません。ここまでを読んで「外国での研究は大変そう……」と思った方もいれば、「やりがいがあるぞ」と思われた方もいるでしょう。私自身は、海外で研究をすることなど想像もしていませんでした。ただ岐路に立つ度に興味のあることに向かって進み、また研究活動を続けられるような道を選んだ結果が今の私なのです。数年毎に引っ越しを繰り返し、夫とも時には別居を余儀なくされ、安定した生活には見えないかもしれません。しかしそれを補ってあまりあるほど、研究活動は面白くやりがいがあるのです。今後、この場所で

の研究をいつまで続けられるかわかりませんが、この刺激的で達成感のある研究者という職は長く続けていきたいと思っています。

数値解析

石渡恵美子
Emiko Ishiwata

きっかけはいつでもどこでも

いしわた・えみこ

1968 年東京生まれ．東京理科大学理学部第一部応用数学科教授．早稲田大学大学院理工学研究科数学専攻博士後期課程満期退学，早稲田大学理工学部助手，東邦大学理学部講師，東京理科大学理学部第一部講師，助教授，准教授を経て，現職．博士(理学)．専門分野は数値解析や現象把握の数理解析．

自由とは自分の行動に責任を持つこと

大学の教員に……とは思いもよらずに早二五年。いつの間にか大人社会に直面し、研究以外の仕事も増え、忙しさやストレスで体調を崩す日もある。でもやっぱり、学生たちとともに、新しいことを見つける仕事って面白いなぁと振り返って思います。

本書の編著者である伊藤由佳理さんと私は同じ都立高校出身で部活も同じでした。大学に残って仕事をしている共通点もあって同志のようでもあり、今も気楽に話せる大事な友人でもあります。

私たちの通った高校は、校則に縛られない学校で、「自由っていうのは自分の行動に責任を持つことだ」という先生の言葉が印象的でした。高校生ながら、自分で良し悪しを考えるようになれたのは良かったかもと思っています。

科目では国英数が好き、理科の実験は苦手で、そのため文理の選択にはすごく迷いました。いろいろ考えてコンピュータを使う仕事か教員もいいなと思って理系に……これが運命の分かれ道になりました。当時はまだ、テレビで見たとか、先生の話に出たとか、コンピュータというものがよくわからなかったので、単純に憧れていたように思います。

決心がつくと、担任の先生から「希望に合いそうな所(大学)があるぞ」と、東京理科大学理学部第一部応用数学科(現在は数理情報科学科ですが、二〇一七(平成二九)年度から改めて「応用数学科」に名称変更します)の推薦の話をもらい、入学しました。これがまさか、その後の長い大学生活の幕開けになるとは夢にも思いませんでした。

大学院でするのは勉強ではなく、研究だ

留年が多く厳しいと噂の大学での学生生活が始まりました。二年進級への関門となる科目の幾つかは前期が不合格となりました。「まずいっ!(汗)」と後期は必死で勉強し、友だちにも助けてもらって何とか無事合格しました。大学の数学は、それまで習ってきたものと全く違うことを痛感し、一念発起して勉強した一年目でした。

スマホもPCもネットも手元にない時代のプログラミングの実習は、Fortranプロ

グラムをマークシートに記入して大型計算機にかけ、数時間後か翌日に結果が出ました。一カ所でも書き間違ったら、やり直しだけど、結果が出るのが楽しみでした。その後、修士課程に進み研究所への就職を思い描くも失敗。「大学院でするのは勉強ではなく、研究だ」と気づくのが遅く、修士論文も思うようにいかず苦い思い出となりました。この教訓から、大学院生には自分で考えるよう、早めに促しています。

修士を了《お》えて就職先もなく、お先真っ暗な状態でしたが、もう少しだけ研究を続けてみようと、学部三年の授業で面白いと思った「数値解析」にテーマを変え、早稲田大学の大学院に移りました。指導教員の室谷義昭先生は独特で、研究室に行くと「昨日のαがですねぇ……」と突然、話が始まります。連日、時間が経つのを忘れて議論や数値実験を続けました。二年目に数値計算結果に規則性を見つけて、国内だけでなく欧米の会議でも研究発表を繰り返しました。主要論文は採録まで三年、学位取得もまた時間がかかりましたが、ずっと見守り続けてくれた恩師でした。退職後に病を患いながらも最期まで論文を書き続け、昨秋に亡くなられました。

博士課程に突然飛び込んできた女子学生なんて、普通は嫌がられますが、室谷先生は快く迎え入れてくださいました。学部三年時に面白いと思った「数値解析」は非常勤で私の母校に教えに来ていた室谷先生の授業でした。何がきっかけになるかはわからないですね。早大での七年間は、それまで迷っていた私が急にハマって、その後の道を作った大事な時間となりました。

教員生活スタート

一九九九年四月から、東邦大学理学部情報科学科の講師となりました。卒業研究生(以下、卒研生)たちが秋葉原でパーツを買って、研究室でパソコンを組み立てたのですが、電源を入れた途端にショートして失敗。また買ってきて、無事に動いたときは一緒に「やったー!」と大騒ぎでした。

他研究室の修士院生は数学系出身の私に「先生はコンピュータのこと、わかってないなぁ(笑)」と研究室内のネットワーク構築を手伝ってくれました。学生も手厳しい。でも、「自分でまずは調べてみよう」と学生に素直に言えるようになりました。自分で調べて体験したことは忘れない、そんな当たり前のことに気づかされました。

あるとき、実験したがっていた基板を手伝ってくれた院生に渡すと、「先生、できたーっ！」と数日後に研究室にやってきました。彼が夢中で徹夜して見出した方法は当時の関連雑誌にも載り、学科のネットワーク環境の変革につながりました。当時はネットワーク環境も過渡期で、生きた学問として、教員と学生が一緒に試行錯誤できた時代でした。その院生は、その後、企業に勤めつつ博士の学位を取りました。初めての教員生活で緊張しつつ、同僚の先生にはいろいろと大学での業務を教えていただき、印象的な学生にも出会えた大事な三年間でした。今も交流が続いています。

2015 年の夏合宿にて，研究内容を記したポスターについてディスカッションする学生たち

二〇〇二年四月、東京理科大学の出身学科に講師として戻りました。昔、通っていた大学も、教員となると当然ですが生活は違ってきます。最初は仕事をこなすのに

精一杯でしたが、あっという間に一五年目を迎えました。厳しいといわれる私の研究室ですが、卒研生が一〇名以上の年も多く、女子は平均二、三名でしょうか。ほぼ毎年、修士にも数名が在籍し、学会発表などの準備に追われる日も多いです。

近況を報告しにきてくれる卒業生たち．右端は筆者

学部・修士ともに企業就職がほとんどですが、高校の先生になった卒業生が男女数名ずついます。ここ数年、卒業生が次々と結婚・出産・海外や地方転勤などの報告にきて、変わらぬ明るい笑顔にホッコリしています。上の写真は私が着任した年に入学した卒業生で、修士課程を海外で修了し、今は私立学校教員の女性と、企業に勤めて育休中(半年後に復職)の女性たち。職場では仕事と家庭を両立している女性が結構いるそうです。理系の忙しさの中で、彼女らはちゃんと自分の道を見つけ、幸せを摑《つか》んでいます。実は研究室の卒研生同士で数組が結婚しています。先生が怖いと学生同士の結束は強まるみたいですよ(笑)。研究者を目指す学生は多くは

ないのですが、博士課程に進んだ二名は今、大学に助教として残っています。就活中の卒研生が面白くなったからと急に進学したこともあり、研究が楽しくなった学生たちに出会えたのはとても嬉しかったし、母校ならではのことだったかもしれません。

研究生活について

研究に触れましょう。専門は数値解析で、代数的や解析的に解けない問題に対し、有限桁の数値で近似的に解く手法を用いる数学や物理の一分野です。物理現象、検索での順位付け、画像処理、株価変動、生物の個体数変動など、身近な問題には数学の理論がたくさんあります。それらを実現・可視化するのにコンピュータによる数値シミュレーションが多く用いられています。現象について、微分方程式などの数理モデルで表し、数値計算による近似解を得て模擬的に表すことで理解・予測ができるようになります。

以前、高校の教科書に出ていたニュートン法は、非線形方程式に対する代表的な数値計算法です。二次方程式は解の公式があるけれど、五次方程式には公式がありません。繰り返して正解に近づける計算法が必要です。理論上、極限をとれば収束しても、現実には有限桁で有限回の計算なので正解には至りません。現実的な時間で、いかに誤差を少なく、正解に近づける手順を考えられるかが肝心《かんじん》です。数値解析の語源は誤差解析とも言われています。

数学で足し算の順序を変えても結果は変わりませんが、数値計算では異なることがあります。たとえば、順序を変え、10進3桁目を切り捨て2桁で表示すると、(0.64+0.51)+0.25→1.1+0.25→1.3と0.64+(0.51+0.25)→0.64+0.76→1.4のように一致しません。3桁目を四捨五入した場合は1.5と1.4となり、この例では後者のほうが順序や丸め方による影響を受けにくいようです。2桁は極端ですが、実数を標準的な倍精度浮動小数点数(2進64桁)で表しても似たようなことは起こります。数直線上では連続的に存在する数が、有限桁で表現すると不連続な点となり、演算結果が倍精度数で表現できないことも多く、近似値を用います。計算を繰り返すと誤差は拡大する可能性もあり、計算手順の考慮は大事です。

二本の連立方程式は鶴亀算で解けますが、実用的に必要とされる方程式は数百万から数億次元に至ります。大学一年で習う線形代数で、逆行列を用いて簡単に解を表現はできても、実際の値を知るにはどうすればよいか？　大規模な逆行列の計算は方程式を解くよりも時間やメモリがかかり実行が難しい。現実的で効率のよい計算法が必要です。コンピュータの発展とともに、数値計算の安定化・効率化・高速化が今も進められています。

四年の卒業研究では、連立一次方程式や検索の順位付けなどに関わる数値計算法の理論の勉強だけでなく、実際にプログラムを組んで数値計算結果を出し、問題点や改良点を探します。最近は身近な現象に興味を持ち、数理生物モデルに関する話題も幾つか取り上げていま す。たとえば、サメと小魚のように食べる・食べられる(被捕食)個体群変動を表す数理モデルは有名であり、フィボナッチ数列は増殖する単一種の個体群のモデリングに関連します。昨年度は、韓国で大流行したMERS(中東呼吸器症候群)ウィルスの感染伝播《でんぱ》を表すモデルについての最新の論文を読み、未解決問題の予想まで立てようとした卒研生がいました。身近な現象の根底にある数学を理解し、改良・予測に数値計算を活用するのは場合によっては有効です。

理科大に戻った頃、私自身は比例的時間遅れをもつ微分方程式に対する数値計算、特にパンタグラフ方程式という独特の問題に携わっていました。初期点で情報がすべて消えてしまうので長時間の動向を把握しづらい面白い問題でした。時間遅れの話題は、国際会議では大きなテーマでしたが、国内ではあまり聞いたことがなく、私はこのとき初めて関わりました。その後、共同研究に夢中になり、しばらく離れてしまいましたが、最近、インフルエンザなどの感染伝播を表す、違うタイプの時間遅れをもつ方程式の解析が活発であることを知り、卒研生や院生にも、解析的に未解決な問題の予測に数値計算を試しに利用してもらっています。病気に感染して発症・伝播するまでには時間差が生じるので時間遅れを考慮することは自然です。時間遅れの発想は、感染症モデル以外にも適用できるはずなので、今は応用分野をいろいろと模索しています。

理科大に戻って数年後、自身の研究以外に新たに共同研究も始めました。ある種の離散可積分系と固有値計算との関連について、博士課程への進学を希望した女子大学院生を中心として、工学部の共同研究者と夢中で議論を進めました。数学の論文は単著が多いようですが、工学系は規模が大きく、共同研究は珍しくありません。集まってアイデアを出し合う度に次が見えてくる展開の速さは新鮮で印象的でした。

きっかけは、ある研究会に私が初めて参加して講演したとき、主催者側と類似の行列を用いたこと、でした。懇親会で話し始めたら止まらず、後日、こういう問題が解決できない

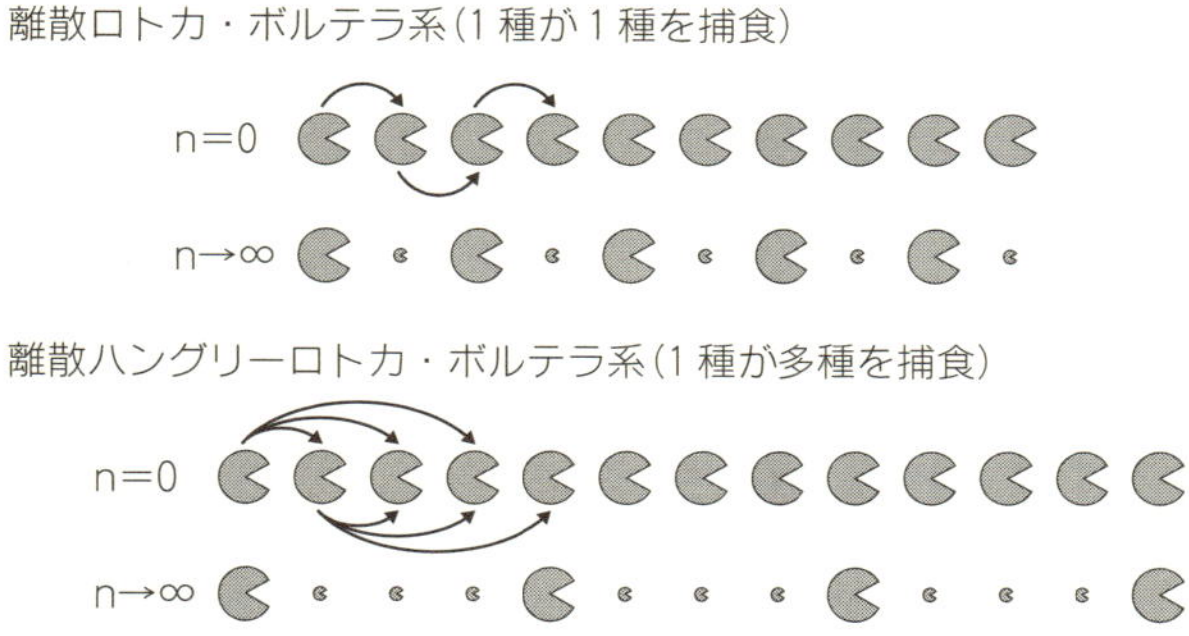

ハングリーモデルに関する構図

か？とのお話をいただきました。研究は予想できても、その通りになるとは限らず、成果になるかどうかもわかりません。院生共々、先方の研究室に押し掛け、朝から晩まで夢中で議論し続けました。院生が何度も計算し続け、その後の幅広い展開へとつながる行列形式を見つけました。その後、共著者と夢中で関連研究まで試行錯誤を重ね、結果が次々と出るときもあれば、いくら考えても堂々巡り、を繰り返し、もう八年が経ちます。まだまだ、これからも新たな展望が出てきそうです。

実は、私が指導教員として初めて博士の学位を出したのが、このときの大学院生、福田亜希子さんです。学位取得後、当学科で助教になり、二〇一四年四月から芝浦工業大学に就職し、この春には初めて卒業生を出したそうです。彼女が修士課程に上がった頃にタイミング良く

共同研究を始めたので、今では彼女が専門家となりました。その共同研究では、ハングリー
ロトカ・ボルテラ系と呼ばれる、一種が多種を捕食する関係を表した方程式の時間発展が、ある帯行列の複素固有値計算アルゴリズムに対応することを見出し、漸近挙動、誤差解析、箱玉系との関係など次々に解明しました。共同研究者の誰が欠けても、ここまでは来られなかったでしょう。とりわけ、煩雑な式の添え字が夢にも出るくらい格闘し、諦めずに考え続けた福田さんの頑張りが多くの成果へと導いたと思います。女性研究者を残せたことは私にとって感慨深く、今後の活躍を大いに期待しています。

福田さん以外に博士の学位取得者は、一名は当学科の助教として活躍しており、もう一名は都立高校の教員になりました。修士課程で多倍長演算環境をコツコツと自力で構築、ソフトウェアの学生コンテストで受賞し、大学に残ると思いきや、数学の面白さや自分の体験を伝えたいと教員の道を選んだそうです。

私一人では絶対にできなかった面白い研究が院生たちのおかげで次々と生まれました。夢中で突っ走ってきたようで、実は彼ら彼女らが私を引っ張って動かしてくれた。人との出会いに恵まれた上に、タイミングを逃さず、とにかく飛び込んだから、ここまで何とかやって

こられたと思います。さまざまな出会いに心から感謝しています。

「私は私、代わりはいない」

教授になって五年、昨年度まで二年間は学科主任を務めました。イタリアの数学科は教授の三割くらいが女性と聞いたことがあるのですが、日本では特に理系では有り得ません。所属学部では女性教授が私一人だった時期もあり、一割もいない。教員になって二〇年近くになるので、この比率に慣れてはいますが、責任が重い特有の世界には緊張します。所属学部の女子学生の割合はおよそ二割なので、もっと女性の教員がいても良い気がします。今は若手の女性教員が少しずつ増えてきているので、これから変わってくるでしょうね。

昨今、女性活躍推進や女性研究者を増やそうと言われていますが、理系はそもそも修士課程に女性が少ない。博士課程は尚さらです。修士にいないものを簡単には増やせません。男女問わず、アカデミックな分野での就職が厳しい今、せっかく助教になっても、出産・育児で昇任が遅れることも有ります。一方で、伊藤由佳理さんのように上手に両立している方や、フランス留学後、現地の方と結婚し、帰国してバリバリ研究を続けている方もいます。過ごした環境によって、生き方はさまざまです。私自身は子どもがおらず、男性と同じように進み、後進も出しました。でも、研究に女性・男性の違いはないはずなのに、昔からの観念を払拭する難しさに改めて直面しています。研究は代われないので、長期で休む不安は誰でも大きい。研究者に限らず、若手は就職の時期と結婚・出産が重なりがちで悩ましいです。これからは男女ともに育児や介護に関わる状況が増えそうですし、それにあわせて少しずつ体制も改善されると信じています。

私は自分の道がなかなか決まらず、力不足で失敗ばかりでした。いまだにジタバタしていますが、「私は私、代わりはいない」と思い研究生活を続けてきました。今は頑張ってきて良かったと思います。これからも一教員として、折々で「臨機応変に対応する」ことを忘れず、コツコツ続けていけたらと願っています。昨今の「女性の活躍を」という空気をむしろ味方にして、研究者のみならずさまざまな分野で理系に興味のある方はぜひチャレンジしてみてください。待っています!

分子生物学
小島晶子
Shoko Kojima

植物の形づくりに魅せられて

こじま・しょうこ

愛知県名古屋市出身．名古屋大学大学院理学研究科生物学専攻博士課程前期修了．農林水産先端技術研究所専門技術員，同研究員としてイネゲノムプロジェクトに参加し，イネの cDNA 解析とイネの感光性遺伝子 *Hd3a* の解析を行った．中部大学応用生物学部助手を経て，2003 年博士(理学)を取得．現在，同大学准教授．モデル植物であるシロイヌナズナを用いて葉の形づくりのメカニズムに関する研究を行っている．

植物に興味を持ったきっかけ

みなさんは現在何に興味を持っていらっしゃるでしょうか。自分が何に向いているか、悩む人も多いと思います。私は、あまり深く考えていなかったせいか、将来やりたいことが、何度も変わりました。

中高生の頃は本の虫で、人とのコミュニケーションが苦手でした。当時は図書館司書になりたかったのですが、本を読むのは好きでも、文章を書くのは苦手で、高校では内容に興味のあった理系を選びました。実際には理系も自分のデータを説明し、その後で議論するために、正確かつ論理的に文章を書く能力が必要でした。

さて、私は、大学では数学科か生物学科に入るつもりで理学部に入学しました。しかし理学部の数学の授業では、毎時間ひたすら定理の証明が続いたのです。数学をパズルのように思っていた私は、大学の数学になじむことができませんでした。幸い、理学部は入学して一年後に学科を選ぶシステムで、私は生物学科を選択しました。

私はもともと、植物は好きだったのですが、より具体的な興味を持ったのは、高校で名古屋大学理学部を訪問する企画があり、植物学第二講座の建部《たけべ》到《いたる》先生の研究室を見学したときです。その時に植物由来のカルスという未分化な細胞の塊を見せていただきました。建部先生は、植物細胞は分化した細胞から、もう一度個体を再生させることのできる「分化全能性(totipotency)」という性質を持っていると教えて下さいました。一度分化した細胞が、再び万能になることができるなんて、素晴らしい！と感動し、植物の研究に興味を持ちました。今は山中伸弥《しんや》先生が確立されたｉＰＳ細胞のように、いくつかの遺伝子を強制的に働かせて動物で多能性(pluripotency)を持つ細胞を作ることが可能ですが、当時は動物細胞では胚由来の細胞しか、さまざまな細胞に分化させることはできませんでした。実は、建部先生は、タバコを用いて、一つの細胞から植物の全ての個体を再生することができることを世界で初めて証明された方でした。

残念なことに、私が大学三年で生物学科に入ったときには建部先生は他界されていたので、卒業研究では植物を研究されている町田泰則《やすのり》先生の研究室に入りました。研究室では、生命を分子の言葉(遺伝子やタンパク質の働き)で理解しようとする大学院生たちが、熱心に議論していました。科学に真剣に取り組むその姿勢に憧れ、当時の分子生物分野の研究成果にもすっかり魅了されてしまいました。私は失敗をたくさんしながらも、楽しい時間を過ごし、修士までの三年間で分子生物学の基礎を学びました。

植物の形づくり

植物の形づくりは、動物とは少し違っています。ほとんどの動物は、外界に出る(誕生する)前に、ほとんどの器官ができ上がった状態で生まれてきます。一方、植物は、発芽した時には、子葉《しよう》と、胚軸《はいじく》、幼根《ようこん》という一部の器官しかありません。発芽後に葉や花は茎頂《けいちょう》部にある、未分化な細胞を含む分裂組織(メリステム)から、根は根端分裂組織から、つくられます(図1)。

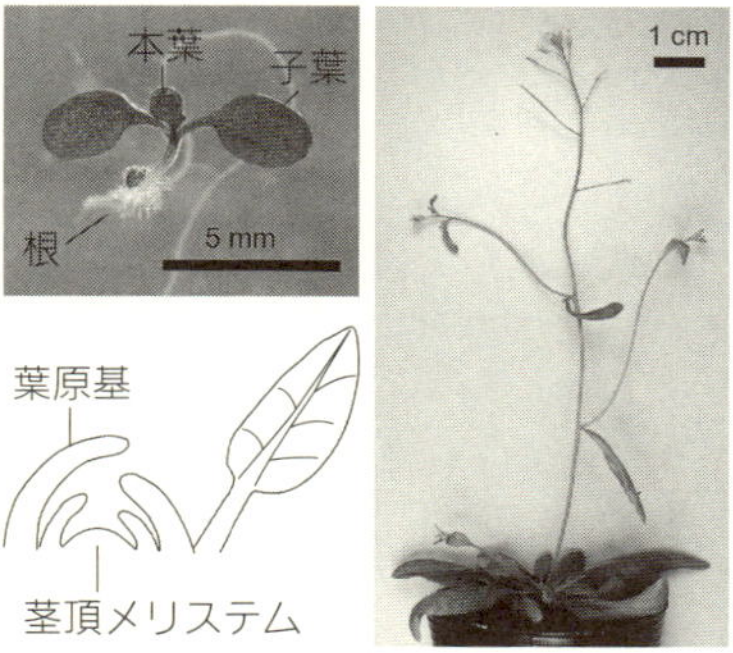

図1　シロイヌナズナの芽生え(左上)と，茎頂メリステムから葉の原基ができるところを横から見た図(左下)，成長して花を咲かせた個体(右)

培養実験から、植物の脱分化(一度分化した細胞が、ふたたび未分化な状態になること)とその後の器官誘導には、植物ホルモンであるサイトカイニンとオーキシンの濃度比が重要であることが知られています。サイトカイニン濃度が高く、オーキシン濃度が低い場合は、芽(シュート)が、逆にオーキシン濃度が高い場合は、根がつくられます。また、両方の濃度が高い場合には、細胞が増殖してカルスができます。植物ホルモンは、動物のホルモンとは異なり、いろいろな組織、器官で合成されます。これらの植物ホルモンが、どのように器官形成に関わっているかは、私が研究を始めた頃には、まだ良くわかっていなかったのです。この問題に興味はあったのですが、卒業研究と修士では、その問題に取り組むことはできませんでした。

花を咲かせる機能をもつ*Hd3a*遺伝子

私は、修士課程を終えた後、茨城県つくば市にある農林水産先端技術研究所に就職しました。イネの花が咲く時期を決める遺伝子を解析するグループに所属していました。日本の農業にとってイネの花を咲かせるタイミングを調節する遺伝子を明らかにすることは、コメの収穫時期を知る手がかりになるため、大変重要な研究テーマです。農業生物資源研究所(つくば市)の矢野昌裕《まさひろ》博士は、この解析を行うために、七年も前から材料を準備されていました。私はHeading date 3a(*Hd3a*, heading date は出穂《しゅっすい》の日付という意味で、イネの花が咲く日に関わる遺伝子の名前)という遺伝子の同定を行い、候補の遺伝子の塩基配列がわかりました。*Hd3a* 遺伝子は、京都大学の荒木崇《たかし》先生とアメリカ(現在はドイツ)のD・ヴァイゲル先生の研究室がそれぞれ、シロイヌナズナで花を咲かせる遺伝子として報告した*FT* 遺伝子と良く似た遺伝子でした。

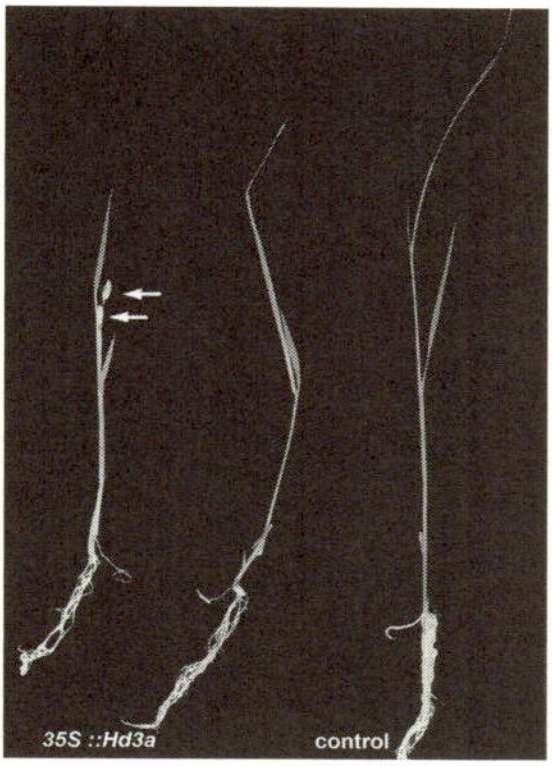

図2　*Hd3a* 遺伝子が常に働くようにしたイネ(左)と，*Hd3a* 遺伝子がまだ働いていない，対照のイネ(右)．矢印はイネの花を示している

そこで、イネに *Hd3a* 遺伝子を導入し、個体を再生しました。*Hd3a* を導入していないイネは、再生後、花が咲くまでに、早くても四〇日ぐらいかかりました。しかし、*Hd3a* 遺伝子が働く形質転換イネでは、二週間程度でま

だ一〇センチメートルの苗に花が咲いたのです(図2)。その個体を見つけたときは、植物のもつ能力に感動しました。確かに*Hd3a* 遺伝子が花を咲かせる働きを持っていたのです。研究はうまく行かないことも多々ありますが、こうした生命のもつ力の素晴らしさを自分の目で確かめることができるのは、とても楽しいです。やはり研究を続けたいと思うようになりました。その後、奈良先端科学技術大学院大学の島本功《こう》先生が、さまざまな研究手法を駆使されて、イネの*Hd3a*が、六〇年もの間正体不明だった、花成《かせい》(葉をつくる栄養成長から花芽をつくる生殖成長へ切り替わること)を引き起こすホルモン、フロリゲンの遺伝子であることを証明されました。

植物の葉の研究へ

そんな時、中部大学(愛知県春日井市)に新しくできた応用生物学部環境生物学科の助手に着任しました。中部大学では、町田千代子先生の研究室でシロイヌナズナを用いた研究を始めました。シロイヌナズナは、モデル植物で、研究用のさまざまな遺伝資源や情報が共有されており、世界の多くの研究室で使用されています。種子が非常に小さいのですが、成長も早く、一・五カ月で種子が得られます。私が今研究しているのは、シロイヌナズナの葉をかたちづくる遺伝子の働きについてです。葉の形や面積は光合成の効率に大きな影響を与えるため、たくさんの遺伝子が働き、植物種ごとに生育条件に適した形の葉をつくります。葉がつくられる際には、ドーム状の茎頂メリステムの端で細胞が分裂し、葉の元となる細胞の集団(葉原基《ようげんき》)がつくられます。これが、さらに細胞分裂と細胞伸長を行うことにより、次第に葉の扁平《へんぺい》な部分(葉身《ようしん》)ができ上がります。

AS2(*ASYMMETRIC LEAVES2*,非対称な葉という意味)という遺伝子は、シロイヌナズナの葉をつくる際に働く、とても重要な遺伝子です。この遺伝子に変異が起きると、おおよそ左右相称であった葉が、でこぼこで、左右非対称な葉になってしまうのです(図3)。調べてみると、*AS2* 遺伝子は、葉をつくる際に必要な、葉の表と裏の決定に関わることが分かったのです。双子葉植物《そうしようしょくぶつ》は子葉が二枚ある植物で、表と裏の区別ができないと、葉の平らな部分ができないと考えられています。実際に *AS2* 遺伝子の変異である *as2* 変異と別の変異を組み合わせた個体では、葉身のない葉がつくられます(図3右下の写真)。では葉の表と

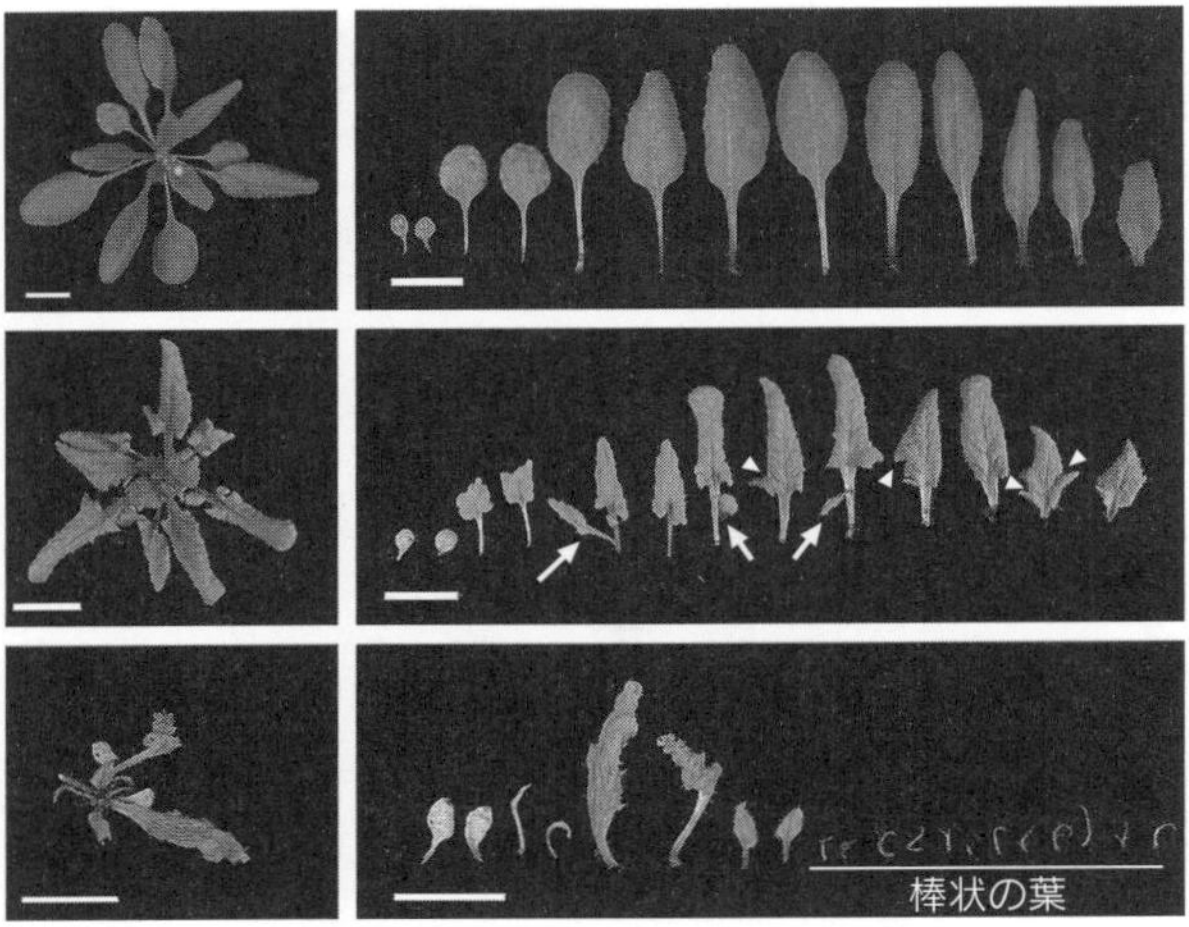

図３　野生型(上)，*as2* 変異体(中)，*as2* 変異と別の変異の二重変異体の個体(下)を上から見た写真(左側)と，葉をできた順に左から右へ並べた写真(右側)．野生型の葉は，おおよそ左右相称の楕円形の葉を持つ．*as2* 変異体の葉には矢印と矢じりで示したように，小葉のような構造や葉身に切れ込みが入る．*as2* 変異体にさらに別の変異を組み合わせると，葉身がない，小さい棒状の葉が多くなる(左下)．スケールバーは１センチメートル

裏ではどう違うのでしょうか。

　植物の葉の表が濃い緑色で、裏は表よりも薄い色をしていることは、皆さんご存知だと思います。葉の表と裏では、主な役割が少し違います。葉の表側は柵のように並んだ細胞が効率よく光を受け取り、光合成を行います。裏側は細胞が海《かい》綿《めん》状に並んで空間があり、裏側の表面に多くある気《き》孔《こう》を通して、光合成や呼吸に

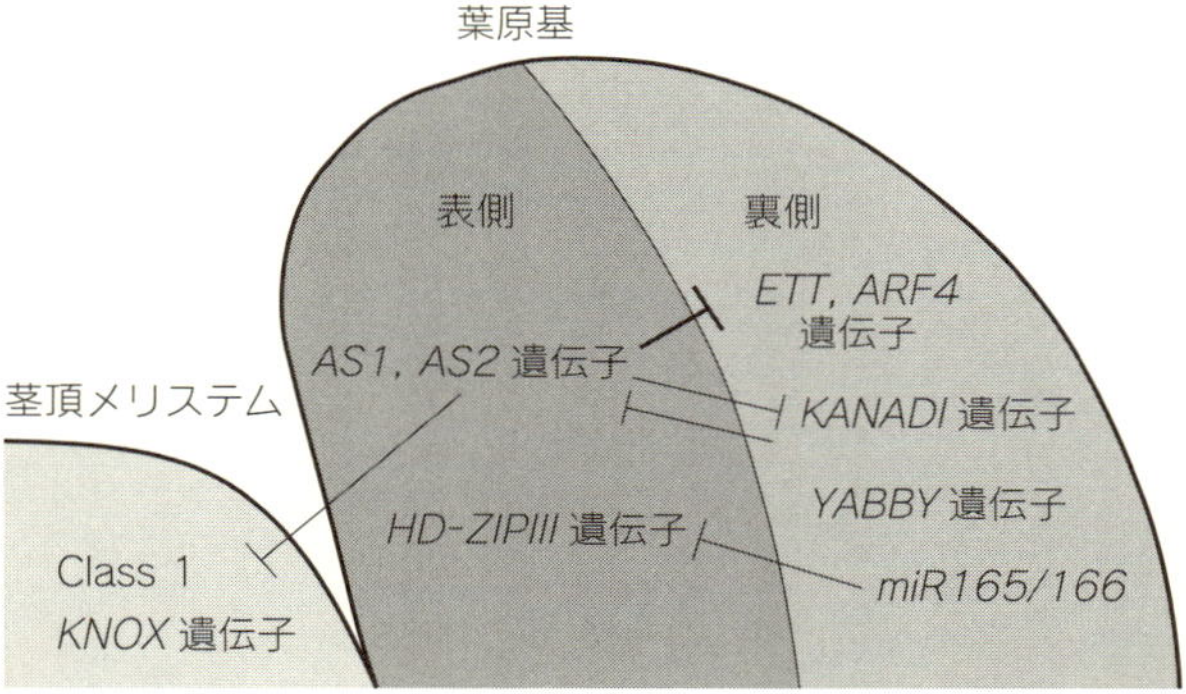

図4　シロイヌナズナの葉の表と裏が作られる時に働く遺伝子群．シロイヌナズナでは，茎頂メリステムと葉の表と裏で，それぞれ異なる遺伝子が働いている．葉の表と裏で働く遺伝子は，お互いに働きを抑えて，反対側の領域の遺伝子が働かないようにしている．*AS1*, *AS2* は茎頂メリステムで働く遺伝子と葉の裏側で働く *ETT*, *ARF4* 遺伝子を抑えることで，葉の表側の細胞分化を促すという重要な機能を持っている

必要なガス交換、蒸散を行います。シロイヌナズナやトマトなどの研究から、葉の表と裏では働く遺伝子が異なることがわかっています。しかし、どのように表と裏の細胞ができるのかは、まだわからないことも多いです。*AS2* 遺伝子は、葉のでき始めるときに、葉の表側で働き、裏側で働く *ETT* 遺伝子などが働かないように抑えています(図4)。また、*AS2* 遺伝子は、さまざまなストレスにさらされても、植物が正常に生育するのを助けてもいるようです。どのように働いているのかを、今後明らかにすることが重要だと考え

ています。

最近私は葉の表と裏ができあがる際に、サイトカイニンがどのように関わっているかに興味を持っています。二〇〇四年に名古屋大学の榊原《さかきばら》均《ひとし》先生、大阪大学の柿本辰男《かきもとたつお》先生がサイトカイニンの合成酵素遺伝子を世界で初めて発見されました。他のサイトカイニン合成酵素も発見され、サイトカイニンがどのようにつくられるか、かなりわかってきました。学生の頃に興味を持っていたサイトカイニンに関わる仕事に再び取り組むことができ、とてもわくわくしています。実際に研究を始めてみると、サイトカイニンが関わるかどうかを調べることは、難しそうですが、学生たちと一緒に答えを見つけたいと思っています。

最後に

私は、中部大学に赴任後、無理をして体調を崩した時期があり、しばらく以前と同じようには仕事ができなくなりました。健康であることは、本当に有り難いことだと身体を壊してから気付きました。今は医療技術が発達していますが、それでも望むときにすぐ妊娠できるとは限りませんし、リスクもないわけではありません。研究者の場合、学位を取り就職するときには二七歳で、「いつ産めば良いの？」と悩まれる方も多いです。その時進めている研究プロジェクトを中断できない、新しい職場で研究のペースを落としたくない、など、仕事とプライベートのバランスをどうするかを考えてしまうからです。実際に周りの女性研究者の子どもさんが生まれる時期は在学中、研究員の時、役職についてからとさまざまです。上司やパートナーと協力して、時には交渉して、会社で初めての育児休暇を取得して、仕事を続けられている人も沢山います。

研究者としては力不足な自分が、ここまで研究を続けることができたのは、生物への興味以外に、いろいろな人と出会い、そこから多くのことを教えていただいたからだと思います。町田泰則先生、町田千代子先生からは科学と真摯に向き合う姿勢とはどんなものかを学ばせていただきました。つくばの研究所の方々は、生意気な修士卒の話を寛容な心で受け止めて（受け流して？）くださいました。前述の町田千代子先生は明るく、研究熱心で、常に後進の女性研究者たちを励まし続けて下さいました。学生時代の友人たちとは、いろいろな困難に直面した際、お互いに話をすることで、前に進むことができました。また、大学の友人や先輩と話すようになり、自分の世界が広がりました。今でも慣れない人と話をすることは苦手ですが、純粋に交流を楽しんだり、人と話すことで、自分の考えに客観性を持たせたり、思いがけないアイデアをもらったりできます。

人との出会いはあなたの人生をより豊かなものにしてくれます。それは研究の世界でも同じです。どのような道に進むとしても、自分の「好き」や「おもしろい」と思う気持ちを大切にして欲しいと思います。皆さんが、そのような気持ちを持って何かに一生懸命取り組んだことは、決して無駄にはなりません。これから皆さんに素敵な出会いがありますよう、願っています。

マーケティング、データサイエンス
芳賀麻誉美
Mayomi Haga

〝データサイエンス〟で未来をつくる

はが・まよみ

明治乳業(株)中央研究所に勤務の後，女子栄養大学栄養学部助教，一橋大学大学院国際企業戦略研究科特任講師を経て徳山大学経済学部准教授，現在，大阪経済大学経営学部准教授．早稲田大学人間科学部，同大学院人間科学研究科の非常勤講師．

専門はマーケティング，データサイエンス，行動計量学，消費者行動論．

女子栄養大学助教時代に専門を変える決意をし，電気通信大学情報システム学研究科社会知能情報学専攻博士後期課程に一般入試を経て入学，子育てや介護，経済的事情による休学をはさみながら，博士(学術)を取得している．

「情報」の時代を生きる

みなさんは、Tカードや楽天カードといった大手企業のカードや、身近なお店で発行しているカードでポイントを貯めたことはありませんか？　あれこれ買い物をする度に購買額に合わせてポイントが貯められ、値引きを受けられるサービスはとても便利なものです。また、PASMOやSuica、ICOCAといったICカード乗車券を使ったことはありませんか？　まとまった金額をカードにチャージしておき、改札でタッチするだけで入退場ができるサービスもまた、とても便利なものですよね。

私たちの購買行動や、交通機関を使った移動情報は、ポイントカードやICカード乗車券を通して、日々、蓄積されています。

GPS機能を搭載したスマートフォンや携帯電話を所持して歩き回るだけで、私たちの回遊行動の情報は記録されますし、決済を行えば、購買情報も収集されます。ネットを使ってさまざまな用語を検索した結果、HPや掲示板を閲覧《えつらん》した履歴《りれき》、そして、SNSに書き込んだ内容も、世界中のどこかに必ず情報として保存されています。

あなたがポイントカードを使ってお買い物をした瞬間に、購買履歴に合わせたクーポンが発券されたり、ウェブ上の会員ページにログインした瞬間に、おすすめの商品が表示されたりするのも、実は、こういったデータを分析し、利用した結果なのです。データを分析すれば、多くの人々がどのように移動し、どこで滞留するか、そしてどこでお金を使うかがわかります。それによって、外食店舗の出店計画を練ることができますし、どこにどういった広告を流せばそれを必要とする人の目にふれる効果が高いか計算することもできるのです。

ポイントカードやICカード乗車券を持っていない、あるいはスマートフォンや携帯電話を所持していないシニア世代でも、医療機関では保険証を提示して診察を受けることはあるでしょう。受診記録は必ず医療機関に保存され、提供した薬の情報は薬局と共有化されています。医療保険制度の元で情報は一元管理されています。各個人に望ましくない飲み合わせの薬が提供されていないかがチェックされると共に、現在、増えている病気が何か、今後の医療費がどのくらいかかりそうか、といったような全体傾向の把握も同時に行われています。

このように、現代社会においては各種情報技術を通して多様なデータが、日々、蓄積されており、これは「ビッグデータ」と呼ばれます。私たちの生活にあふれる多種多様な便利なサービスは、こういったビッグデータの恩恵によるものが少なからずあるのです。

現代の世界は劇的に変動しています。社会ニーズの変化や景気変動は、企業経営にも大きな影響を及ぼしていますし、地球規模での気候変動、環境破壊などは生物である人間の生活に影響を与えます。社会的・経済的な変化を含む大きな意味での私たちの環境の変化に対応していかなければ、個人レベルだけでなく、会社や国という集団レベルでの生き残りが難しくなっている厳しい現実があります。

この、環境変化を生き抜くためのキーワードの一つが、先に述べた「ビッグデータ」です。さまざまな種類の「ビッグデータ」へ統計的にアプローチして、問題解決につなげようという動きが近年、活性化しており、これを担う学問の一つが、私が専門としている「データサイエンス」です。このデータサイエンスの恩恵の例が、先にあげたクーポン発券の仕組みであったり、あなた向けにパーソナライズされた商品の推薦、広告配信であったり、外食店舗の出店や医療保険制度の見直し、自然環境対策などになります。

データサイエンスとは何か

データサイエンスで扱うデータは、ここまでに述べてきたような消費者行動の結果を記録した「蓄積データ」だけではありません。アンケート調査を行って消費者の考え方や態度を調べた「観察データ」や、実験を使って消費者の違いや、消費者の置かれた状況の違いによる差を調べた「実験データ」なども扱います。また、工場や研究所で収集したような「機器測定データ」を扱って、製品の品質を良くするための分析を行ったり、機械の故障原因を探ったりすることもあります。データサイエンスで扱うデータに条件や制限はありませんから、対象とする分野を限定することはありません。

データサイエンスでは、「データ分析法」は非常に重要なテーマですが、扱うテーマはそれだけではありません。目的に合った形でデータを集めておけば、効率的に分析を行ってすぐに結果を利用できるので、「データの取り方」もまた重要な研究のテーマになります。従来、「社会調査法」「マーケティングリサーチ」「実験計画法」「品質管理」といった分野で扱われてきた「調査」や「実験」を使ってデータを効果的に採取する方法についても、「データサイエンス」では統一的に扱います。また、データ分析を簡単に行えるようにしたり、実際に私たちの生活で活用したりするには、コンピューターやウェブ上で使えるようにプログラミングを行い、サービスを提供するためにシステム化をする必要があります。ですから、工学的な「プログラミング法」や「システム化」も研究テーマとなります。公的機関や企業などで、ある程度のお金を投資してサービス提供のために新しいシステムを開発するとなれば、投資の意思決定に関わる人たちに理解してもらう必要もあります。「結果のまとめ方」や「活用・提案法」もデータサイエンスでは研究テーマとして扱います。

「データサイエンス」は比較的新しい学問分野なので、なじみのない人も多くいますが、かみ砕いて言えばデータの取り方、分析方法、プログラミングやシステム化の方法、結果のまとめ方や活用・提案法までデータに関する方法論の研究を行う学問の総称と言うことができます。さまざまなデータの「内容」に目を向けるのではなく、「データを扱うための手法を研究する学問」です。

「社会学」「心理学」「経済学」「マーケティング」「生物学」「医学」など、さまざまな分野で使われてきた調査や統計学、情報工学などの方法論を分野横断的に統合して、データに関する学問体系を再構築するために作られた概念が、「データサイエンス」なのです。

私の専門「マーケティング」×「データサイエンス」との出会い

学問には、①取り扱う分野・内容という側面と、②取り組み方・方法論という側面の二つがあります。これは学問の縦糸と横糸のようにたとえられます。

私の取り組んでいる分野・内容は、主に「マーケティング」であり、特に消費者行動という分野を専門としています。現在は、個人の持つ文化的・社会的な特性差――目上と目下のような権力格差を重視するか平等主義者か、や、他者に対して影響を与えようとするか協調的でいようとするか、あるいは、新しい人と知り合う機会が多いかどうか等――が、消費者行動にどういった影響をどれくらい与えるのかを研究しています。たとえば、どんなビールや炭酸飲料を買いたいと思うかにさえ、こういった個人の特性で程度の違いがあるので、これを把握します。そうすれば、どういった人にどんな方法で、どの商品をおすすめするとよいか決めることができます。

こういった消費者行動の課題に対しどういった方法論で取り組んでいるかが「データサイエンス」ということになります。現在は主に多くの項目間の関係性を分析する構造方程式モデリングやベイジアンネットワークといった方法を使って、事例研究を行っています。また、方法論そのものを研究対象として、新しいマーケティングリサーチ法を考案したり、分析法の応用研究を行ったりしています。

ただし、私は学生の時から「マーケティング」や「データサイエンス」を専門として研究を始めたわけではありません。私が初めて専門的に学んだのは食品化学で、食品の成分を分析していました。

そもそも私は、小学生の時に読んだキュリー夫人の伝記に感銘を受け、「白衣の研究者」に憧れを持っていました。そんな私が、化学を学んで試験管を持つ白衣の研究者になると決めたのは高校生の時で、当時はコンピューターにも統計にも全く興味はありませんでした。

生まれて初めて取り上げた研究は、コーヒーのいれ方とカフェイン抽出量の定量でしたし、食品化学の知識を生かした仕事に就こうと考えて選んだ就職先も食品メーカーでした。食品

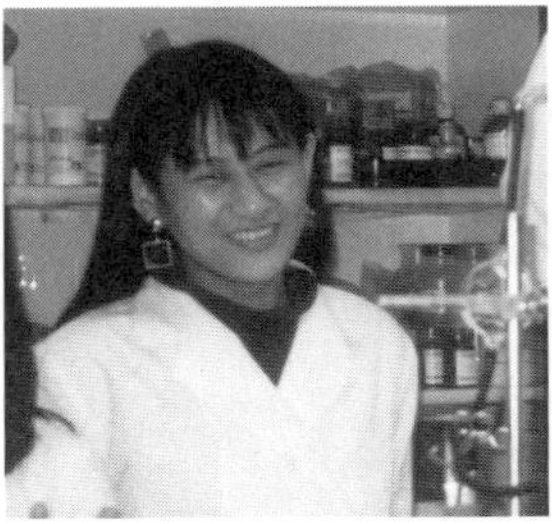

白衣を着て食品化学の実験に明け暮れていた頃

メーカーで担当した仕事はアイスクリームの商品開発で、二年の間に約四〇品の商品開発に携わりました。これまで開発されてきた自社や他社の商品の売れ筋動向を確認した上で、毎日毎日、商品を作っては食べて検討するという日々を送っていました。

その間、私はまさにマーケティングの現場にいたのです。今振り返れば、この二年間の経験が私の後の人生を大きく変えることになりました。マーケティングという分野は、企業の営利活動のためだけの学問ではなく、私たちの生活を総合的に豊かにするために必要な学問であると考えるようになったのです。

当時の私は、食品についての基礎知識はある程度持ち合わせていましたし、自分自身の舌には自信を持っていたのですが、なかなかヒット商品を生み出すことができませんでした。マーケティングに関する知識が不足していたことと、作った商品の「おいしさ」をきちんとデータとして収集し、売れるであろうという根拠を伝える術《すべ》を持ち合わせていなかったのが原因です。つまり、どのようなマーケティングの学術理論にのっとって周囲に説明すれば効果があるのかをよく理解しておらず、また、どのように調査するか、集めたデータの適切な分析法は何か、統計的な指標に基づく結果の見せ方とはどういったものか、というデータサイエンス的な知識が足りなかったのです。

必要知識の不足を実感した私は「マーケティング」「製品開発」「統計学」「調査法」「実験計画」「官能評価」といった名前のついた本を片端から買い集めて読んでみることにしました。「マーケティング」「製品開発」といった経営系の書籍は、企業全体での取り組み方や概念についての知識を身に付けるには役立ちましたが、残念なことに、今、目の前の製品を開発するためにどのように研究を進めてよいか、直接的な答えを与えてはくれませんでした。一方、「調査法」「実験計画」「官能評価」は、自分の仕事に直接、役立ちそうな気はするものの、そこに必ず登場する統計学の数式を、どうやって使えばいいのか理解するのは独学では難しかった。「商品開発」という仕事に大きな魅力を感じ、やりがいのある日々を過ごしながらも、消化不良のために苦悩する、そんな日々が続きました。

大学で始めた企業時代のリベンジ

食品メーカーで二年ほど勤務した頃、もともとの専門であった食品化学の研究を行うこともできる大学研究室での実験実習助手の仕事に空きが出て、転職することになりました。

転職直後は、食品化学の研究を行うつもりでいましたが、二年間のメーカー勤務経験のなかで一般企業や他大学の最新機器分析に触れた後の目で見ると、研究競争に勝ち抜くには大学の常設設備では研究速度に限界があることがすぐに理解できました。そこで、新しく取り組むことにしたのが、食品の「おいしさ」を調査し、統計的に分析して「おいしさ」をモデル化して商品開発に活かすという、食品化学とマーケティング、データサイエンスを融合した、まさに企業時代のリベンジとなる研究テーマでした。

テーマを決めた後、早速、先行研究を調べましたが、なかなか参考になる研究が見つかりませんでした。何とか一年後に調査実施とデータ収集までは行ったものの、周囲にこういった分野の専門家がいなかったため有益な助言を得ることもできず、独学で試行錯誤を繰り返しました。しかし研究は暗礁《あんしょう》に乗り上げた形になり、さらに一年が経過してしまいました。そして焦った私が門を叩いたのが、大学の外の組織である日本科学技術連盟という団体で行われていたセミナーと研究会でした。

データサイエンスの魅力

一九九〇年代後半の日本科学技術連盟は、さまざまな分野の学術研究者、企業人が集う産学官の横断的組織として機能していました。最初は勉強として有料セミナーに参加し、官能評価や調査法、統計学などを専門とする学者や企業の研究者の講義を聴講しました。そこで多種多様な課題を、データの持つ情報の抽出を通して解決しようとする熱い情熱をお持ちの先生方と出会ったのです。この運命的な出会いによって、気が付けば私は「データサイエンス」の虜《とりこ》になっていました。

私が「データサイエンス」に魅力を感じた理由は、第一に「方法論」の学問であった点です。各分野における固有の知識を獲得するために使われているのが「データサイエンス」であり、対象は何でもよいのです。データサイエンスの知識や技能を使えば、食品のおいしさを測定したデータであろうが、自動車の乗りやすさを評価したデータであろうが、化粧品の購買履歴データであろうが研究を行うことができるのです。私は、もう一つの専門であるマーケティング系のデータを取り上げることが多いのですが、扱えるデータという観点でいえば、マーケティングデータだけでなく、工程データでも、医学データでも取り扱えます。この応用の広さが魅力の一つだと思います。

私が魅力を感じた第二の理由は、この学問の奥深さです。データというものは、一見すればただの数字の羅列でしかありません。その数字の羅列から意味を見出し、まとめ、提案し、問題解決に結び付けられるかは、実は人間側の力にかかっています。計算機となるコンピューターが発達し、複雑な数値計算や仕組みが自動化できるようになったからこそ、「データサイエンス」は、それを使いこなす人間側の差が出る学問なのです。

そういった意味で、何を知っているか、どんな経験があるかで、たとえ同じデータでも全く異なる結果と未来を導くことができるのです。そんな奥の深さがあるのがデータサイエンスという学問の魅力だと思っています。

データサイエンティストになるには

このように、紆余曲折の末に私がたどり着いた「データサイエンス」は、本章冒頭で書いたように、情報あふれる現代社会で強く求められる学問です。米国の経営誌『ハーバード・ビジネス・レビュー』(二〇一二年一〇月号)によると、「データサイエンティスト」は「今世紀でもっともセクシーな職業」と言われ、世界中で引く手あまたです。しかし、複雑化する消費者行動データに心理学や社会学など近接領域での研究知見を絡めながら、情報工学的にアプローチができるデータサイエンティストとなると、複数の分野にまたがる知見が必要なため、人材が少ないことが日本

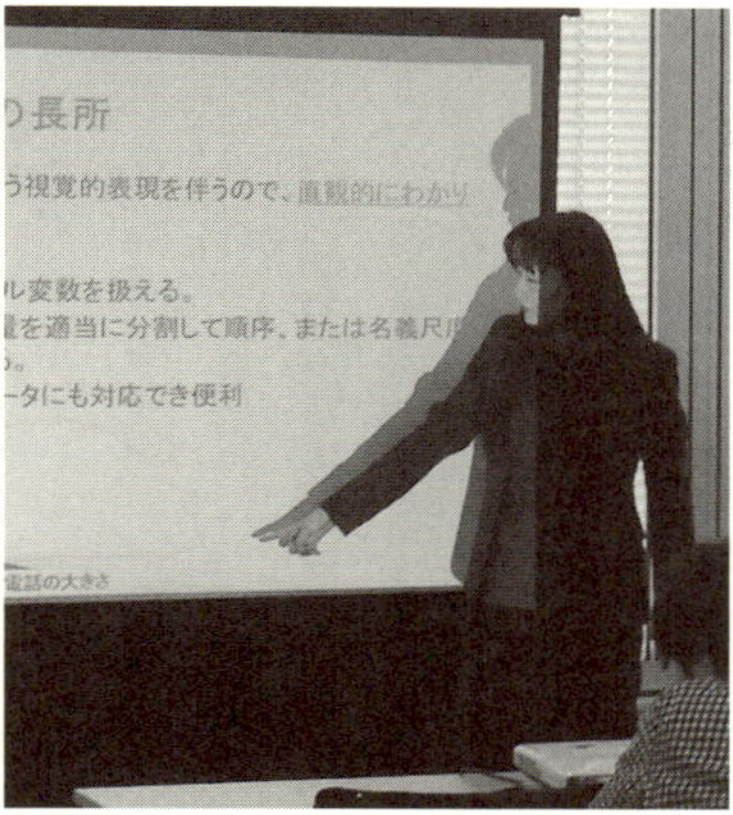

講演会での筆者．このような機会を通して人材を育てたい！

の大きな問題となっています。

これは、「データサイエンス」の土台の一つである「統計学」の専門学部を持つ大学が日本になかったことに由来します。日本では、心理学、経済学、工学、といった個別の分野で統計学が発展してきたので、個別分野での応用力は強い傾向がありました。実際に、私も食品化学と言う分野の応用研究からデータサイエンスの世界に足を踏み入れましたし、薫陶《くんとう》を受けた先生方の専門は、工学や心理学と幅広く、特定の分野の研究者に限りません。しかし、ビッグデータが蓄積されるようになった現代においては、個別分野で発展してきたことが足かせになってしまっています。各分野の利用経験則が共有されていないため、さまざまな種類の幅広い分野にまたがるデータを横断的に扱うための知識が蓄積されず、手法開発も遅れがちというデメリットを抱えているのです。そして、横断的なデータを扱うための教育も不十分になり、データサイエンティストが育っていないという現状があるのです。

こういった背景に後押しされる形で、現在、日本の多くの大学が、情報学、統計学などを専門とする学部を設立しようとしており、二〇一七年春には日本で初めてのデータサイエンス学部が設立されます。新学部を設立しない大学の既存の学部でも、データの採取や分析などを扱う科目を共通科目にするなど、学部改革を進めているところが多くなっています。また、学会や協会など各種学術団体も、検定試験などの整備を通して、誰もが知識や技術を身に付けることのできる環境の構築に努力をしています。

こういった時代の流れに上手く乗りさえすれば、皆さんは私のような大きな回り道をせずにデータサイエンティストという二一世紀に輝く職業につくことも夢ではないのです。

大学での授業風景．パソコンに向き合う学生たち

若い皆さんへの助言

知的好奇心を満たしながら、広い意味での社会貢献のできる研究者は非常に魅力的な職業です。研究者になりたいと考える若い皆さんに対して私から三つの助言があります。

時代の流れを敏感に察知することは、若い皆さんが、一〇年、二〇年と続く研究生活を考える上でとても重要です。私自身は多くの研究者との幸運な出会いがあって、現在、この新しい分野に身を投じることができています。

ですから、若い皆さんには、もし研究者を志すのであれば、所属する大学を超えて一人でも多くの研究者と知り合う機会を模索し、大事にしていきなさいと第一に助言したいと思います。そうすることで、ほんのわずかな兆しから、研究の新しい動きを察知できる可能性が高まりますし、また自分の目指すべき研究の方向性も固まってきます。出会いは、時に、大きな方向転換の契機になることもあるのです。

二つめの助言は、研究者としての就職先についてです。研究者というと、大学という組織で働く教員がその代表のように扱われていますが、このデータサイエンスという分野に限っては、メインプレーヤーが、大量の最新データを集積している企業研究者に移りつつあります。ですから、若い皆さんは、大学に限らずに研究者になる道を広範に見据えていくことも最新研究に取り組むために大事であると助言したいと思います。

高等教育という面に非常に強い興味と意欲をお持ちである場合を除くなら、必ずしも大学の教員と言う立場での研究職に固執しない方が、最新研究を推進していくことができる分野もあるということを理解してもらいたいと思います。

第三の助言は、研究をすると決めたら貫きなさい、ということです。私自身は家庭の事情で何度か研究をペースダウンした事がありますし、非常勤講師やアルバイト生活を続けながら私費で研究を行っていた時期もあります。結婚、子育て、家族の転勤、介護、研究費不足など、研究を続けられなくなる理由はいくつでもあります。しかし、障害にぶつかった時に、完全にあきらめて辞めてしまえばそこでおしまいです。ちょっとの休息を挟んで頭をクールダウンすれば、新しい課題も見つかるかもしれませんし、それまで行ってきた研究を見直すには良いチャンスだと考えればよいのです。研究者になるためには、決してあきらめずに続けることが何より重要です。

以上の三つが、ほんの少し回り道をして、研究者になった私からの助言です。

地球化学

南 雅代

Masayo Minami

「地球化学」と歩む

みなみ・まさよ

東京大学理学部化学科，東京大学大学院理学系研究科化学専攻等を経て，博士(理学)．日本学術振興会特別研究員，名古屋大学年代測定総合研究センター准教授などを経て，2019 年より名古屋大学宇宙地球環境研究所教授．現在，同研究所副所長，日本地球化学会会長．専門は地球化学，文化財科学．

「地球化学」とは

私の専門分野は「地球化学」です。「地球化学」というのは、地球物質あるいは地球外物質中の元素・同位体・化学種の存在度や分布、それらの移動・変化を空間的あるいは時間的に取り扱い、地球や太陽系のさまざまな現象を「化学」で解明する学問分野です。対象とする物質は岩石や堆積物《たいせきぶつ》、隕石《いんせき》、大気、海水や陸水、火山ガスや熱水、生物、化石などさまざまです。「地学」と「化学」が混じったような分野といえばおおよその感じがわかってもらえるでしょうか。「地球化学」の研究者には、「地学」寄り（野外調査が多く、日焼けしてワイルドなイメージ）の人から、ほとんど生粋《きっすい》の「化学」（白衣を着て、実験をしているイメージ）の人まで、さまざまな人が混在しており、バラエティに富んでいます。最近は、このほかに「環境」寄り（モデル計算、シミュレーションなど、スマートな研究をしているイメージ）の人も増えた感じがします。近年の環境問題に対し、物質循環ならびに地球環境変遷を明らかにすることによって、環境問題に取り組んでいくことも「地球化学」の重要な課題です。福島の原発事故による放射能汚染の問題解決が早急に求められているなど、近年「環境」寄りの「地球化学」の研究も、重要な位置を占めつつあります。

「地球化学」の研究者には「地学」「化学」「環境」の人が混在していると言いましたが、いずれにも共通しているのが、超精密な化学分析(測定)技術をもっているということです。なぜ、「地球化学」に超精密な化学分析(測定)技術が必要とされるのか。それは、自然界においては、分析対象とする元素・同位体・化学種の存在度がものすごく低い場合や、これらの移動・変化量がものすごくわずかな場合が多く、高精度・高確度な化学分析でないと追跡することが難しいからです。「地学」寄りのワイルド系の人が、非常に細かい化学分析が得意だったりして、なかなか奥深い分野であることは確かです。私は、料理の腕前は、化学実験の腕前と密接な関係があると思っていますが、「地球化学」分野の研究者には、料理の上手な人が多いような気がします。

女性研究者が活躍している「地球化学」

「地球化学」は、理系の分野でありながら、女性の研究者の数が多く、活躍されているのも特徴です。猿橋賞という、自然科学の分野で顕著な研究業績を収めた女性研究者に与えられる賞をご存知でしょうか。この賞は、猿橋勝子《さるはしかつこ》氏という「地球化学」者が一九八〇年に創設した「女性科学者に明るい未来をの会」が贈る賞です。猿橋氏は、東京大学の化学分野で女性初の博士号取得、女性初の日本学術会議会員に選出されるなど、まさに女性科学者にとってのパイオニア的存在と言えます。「女性科学者に明るい未来をの会」は後進の女性科学者を励ますために猿橋氏が創設されたものであり、多くの女性科学者が勇気を与えられ支えられてきています。このことからも、「地球化学」は、他の分野に比べて、昔から男女共同参画の素地が備わっていた分野と言えるかもしれません。

先日、日本で、「地球化学」分野の国際学会である「ゴールドシュミット会議２０１６横浜」というものが開催されました。この国際会議は、米国地球化学会(Geochemical Society: GS)、ヨーロッパ地球化学会(European Association of Geochemistry: EAG)が中心となって、毎年、米国とヨーロッパで交互開催しているものです。日本においては、過去に一度、二〇〇三年に倉敷で開催したことがあります。今回、二度目の日本開催として、パシフィコ横浜にて、日本地球化学会(Geochemical Society of Japan: GSJ)が中心となり、GSと共同開催しました。三七〇〇名を超える参加者があり、非常に盛況だったのですが、興味深いことに、GS、EAGそして日本のゴールドシュミット会議2016組織委員会のトップはいずれも女性、会場にも女性の研究者、それも若手が多く参加していて、妊娠中や小さい子ども連れの研究者も何人か見かけられました。これらの人が全く違和感なく溶け込んでいましたので、「地球化学」が日本に限らず、世界的にみてもジェンダーフリーな分野であると改めて感じました。

近年、男女共同参画、リケジョ(理系女子の略語)、など、声高々にアピールされることが多いですが、これまで私は特に男女共同参画、リケジョなどを意識したことはありません。私は修士課程二年生の時に結婚し、パーマネントの職(常勤の職)についた時はすでに四人の子持ちでしたが、子どもがいるということで特に差別を受けたこともなく、自分が女性であるということは特に意識しないまま現在に至っています。これが当たり前だと思っていましたが、実は、自分が、周りの人に理解があり、非常に恵まれた環境にいたということ、そしてその環境は、もしかしたら「地球化学」という分野にいたからこそ成り得たのかもしれないということを、最近、強く感じます。

アメリカのユタ州でフィールド調査中の筆者

「地球」を読み解く

私はこれまで、何十億年前という岩石や、湖底堆積物、河床《かしょう》堆積物、人骨・獣骨、南極隕石、木片、大気など、さまざまな物質の化学分析を行ってきました。私の研究テーマは、高精度・高確度な化学分析を駆使して、その対象物から年代や起源、当時の環境などの情報を引き出すことです。対象物中に記録されている多様な情報を化学的に抽出し、解読していくのですが、わずかな量の試料から、四六億年にわたる地球の歴史をひもといて明らかにしていく過程は、とてもわくわくします。ここで言う過程とは、単に地球の過去の現象を明らかにする過程だけでなく、その現象が起きた背後のしくみを化学的に明らかにし、「地球」を読み解く過程だと思っています。私は推理小説が好きなのですが、「地球化学」は、「地球」という犯人を、化学的捜査によって追い詰めていく推理と言えるかもしれません。

私は、大学では無機分析化学を専攻しており、学部四年生の卒業研究においては、実験室内で有機超伝導体物質の合成を行っていました。つまり、対象とする物質は試薬や化学合成物であり、人工物でした。それに対し、大学院の修士研究以降の対象物質は、無機物でも、三二億年前の岩石や、岩石が物理的・化学的に風化して生成した堆積物など、人工物ではなく天然物になりました。試薬の場合は、たとえば、塩酸というとHClと一義的に決まりますが、岩石の場合は、玄武岩《げんぶがん》といっても二酸化ケイ素(SiO_2)の含有量が四五〜五二パーセントの火山岩と定義されているものの、色が違ったり、構成鉱物の含有割合や大きさがさまざまであったりと、一義的にこれと決まりません。風化を受け、風貌が変わってしまったものなどは、玄武岩と思えないようなものもあります。天然物は複雑で、すべてを理解するのは大変です。しかし、つかみどころがない天然物の素性を根気強く一つ一つ明らかにしていき、データを積み重ね、「地球」を読み解いていくのは、壮大なロマンに溢《あふ》れる作業です。

毎日、自由研究?!

根気強さといえば、私は小さい頃から、細かいことを根気よくすることが特に苦ではありませんでした。一緒に住んでいた祖母の影響が大きかったと思います。祖母は、たとえば、きれいな柄、変わった材質の包装紙を大事に取っておいて、空き缶や空き箱にデコレーションしたり、いろいろな柄の布切れを取っておいて、縫い合わせて巾着《きんちゃく》を作ったり、というようなことをよくやっていました。おばあちゃん子だった私は、一緒に遊びながら作業を行ううちに、しわなく、ずれなく、きれいに紙を貼るには、どうすればよいか(紙の切り方や糊《のり》のつけ方など)、というようなことを真剣に考え、がんばっていました。また、現在は洋服となり、私の周りではほとんど行われなくなった着物の洗い張りも、当時、祖母はよく行っていたのですが、洗い張りの途中で行う伸子張《しんしば》りも思い出に残っています。伸子張りとは、三〇センチメートルくらいの長さの細い竹の先に針の付いた伸子を反物《たんもの》に張り、しなりを利用してしわを伸ばすのですが、均等な間隔で竹を張っていくのは、思いの外《ほか》難しいのです。

伸子張りが終わった後、次は反物の表面に、水で溶いた天然の糊を刷毛《はけ》でひくのですが、これまた、同じように行っているようでも、同じ結果にならず、微妙な出来映えの違いがでるのです。そこがまたおもしろかったのを覚えています。今考えれば、生地の材質、その時の気温や湿度が異なれば、糊のつき方が異なるのは至極《しごく》当然と理解できます。

このように、小学生の頃は家で勉強をしたという記憶がほとんどなく、毎日、自分の気に入った自由研究をきままに行っているようなありさまでした。宿題を忘れて先生に怒られたという記憶はありませんので、おそらく、最低限の自宅学習はこなしていたのでしょうけれど……。

しかし、子どもの頃のこの経験のおかげか、これまで、いろいろな地球物質の化学分析の数をこなす中で、化学分析が苦だと思ったことはありません。むしろ、実験は楽しいですから、ついつい実験にばかり走ってしまい、得られた結果をきちんと論文にまとめる作業がおろそかになってしまう傾向があります。したがって、最近は「この結果を論文にするまでは実験はしない」というようなルールを自分に課して、実験に逃げないようにしています。

放射性炭素との出会い

大学院においては岩石や堆積物を研究対象として、年代や起源、当時の地球環境についての情報を引き出す「地球化学」研究を行っていましたが、大学院を修了し、研究者となってからは、もっと現在に近い、つまり人類紀の物質を化学分析し、人類の歴史に関係した研究も行うようになりました。

現在、私が力を入れているのは、放射性炭素(^{14}C)を用いた年代測定ならびに環境動態に関する研究です。炭素(C)は、ふつうは質量数12(^{12}C:陽子6個+中性子6個)の元素ですが、自然界には質量数13(^{13}C:陽子6個+中性子7個)という炭素が全体のおよそ一パーセント、そしてまた、質量数14(陽子6個+中性子8個)の^{14}Cが全体の一兆分の一の割合で存在しています。この^{14}Cは、大気上層で質量数14の窒素(^{14}N:陽子7個+中性子7個)と、高エネルギーの宇宙線によって二次的に形成された中性子とが反応して生成されます。大気上層で作られた^{14}Cは、ただちに酸素分子と反応して、化学的に安定な二酸化炭素(CO_2)となり、大気中

放射性炭素を測定する装置（名古屋大学タンデトロン加速器質量分析計）

をさまようことになります。このように^{14}Cを含んだCO_2は、光合成によって植物体の中に取り込まれたり、海に溶けたりして、あらゆる天然物中に入りこんでいます。^{12}Cと^{13}Cは「安定同位体」といって、変化しない安定な核種ですが、^{14}Cはベータ線という放射線を出し、原子核中の中性子1個が陽子1個に変わり（ベータ壊変）再び^{14}Nに戻るため、時間とともに^{14}C濃度は減少していきます。この放射壊変によって放射性核種の濃度が減少していくスピードは核種によって異なっています。^{14}Cの減少するスピード（半減期が五七三〇年）が速すぎず、遅すぎず、人類の歴史を調べるにはちょうどよい速さということ、かつ、炭素は有機物中に普遍的に存在しているということが、^{14}Cを年代測定あるいは環境動態解析の有力なツールとしています。

私が所属している年代測定研究部の「タンデトロン年代測定研究グループ」では、考古遺跡から出土した炭化物や骨、貝などの遺物の^{14}C年代測定のほか、樹木年輪の^{14}C測定から、当時の太陽活動の様子を復元したり、炭化材の^{14}C年代測定から火山の噴火周期を解析したり、鍾乳洞内に成長する石筍《せきじゅん》の^{14}C測定から当時の降水量の情報を復元したりするなど、^{14}Cを用いたさまざまな研究を推進しています。ここで、^{14}Cを測定するために用いられる装置が、タンデトロン加速器質量分析計です。このタンデトロン加速器質量分析計を用いることにより、1ミリグラムというわずかの炭素量で、高精度・高確度な^{14}C測定が可能となり、^{14}Cを用いたさまざまな研究が飛躍的に発展しました。

おわりに

私が小学生の頃はまだ、女性は結婚して家庭に入るのが当たり前で、女の子は勉強しなくてもよい、かわいくて気立てがよければいい、というようなことが平気で言われている時代でした。二〇一五年の九月から放映されたＮＨＫの連続テレビ小説「あさが来た」では、女に学問は必要ない、とする明治・大正時代の状況が描かれていましたが、私の子どもの頃の状況も、ほぼ似たようなものでした。私の生まれ育ったのは大阪で、「あさが来た」の舞台と同じですので、もしかしたら、大阪という土地柄もあったのかもしれません。とにかく、このような状況にあって、私は、勉強しなさいと言われたことは記憶にある限り一度もありません。それに対し、私の五歳上の兄は、長男ということもあり、常に勉強しなさいと言われていました。戦後三〇年もたっているのに、まだ男女差別が色濃く残っていました。

私は、大学受験に失敗して一浪しましたが、その時、母親は、周りから、女の子なのに浪人なんかさせてどうするの、何を考えているのか、と非難されたようです。志望校には不合格でしたが、滑り止めの私立大学には合格していましたので、何も女の子がそこまでして上の大学にいく意味はないと、奇異に思ったのでしょう。また、その翌年、東京大学に合格した時も、東京大学なんかに行くと、嫁の貰い手がなくなるのにどうするんだ、と言われました。その五年後、学生結婚したことを考えれば、全くのナンセンスな話ですが、その頃の私は、結婚できなくても自分一人で生きていけるよう頑張らないと、と真剣に思っていました。

これまでにいろいろな経験をしてきて思うことは、社会の常識は自分にとっての常識とは限らないということ。人の言うことを聞くことは重要ですが、人の言うことを鵜呑《うの》みにする必要は全くないということ。リケジョでもブンジョでも、はたまたリケダンでもブンダンでも、自分がやりたいと思う方向に進み、気にせずやってみればいいのではないでしょうか。「あさが来た」の主人公のモデルとなっている実業家・広岡浅子氏の座右の銘に「九転《きゅうてん》十起《じゅっき》」があります。私も全く同感です。心配する前に、とにかくやってみないと始まりません。もちろん、やってみる以上は何とかなるようにがんばることは必要ですが、一方で、なんとかなるさ、的な考えを持つことも非常に重要です。自分の可能性を信じ、とにかく前に進めば、おのずと道は開かれると思います。

代数幾何学

伊藤由佳理

Yukari Ito

自由な数学の世界へ

いとう・ゆかり

東京都立国立高校，名古屋大学理学部卒業．東京大学大学院数理科学研究科修士課程・博士課程にて博士（数理科学）取得．日本学術振興会特別研究員，東京都立大学（現首都大学東京）助手を経て，2003 年名古屋大学大学院多元数理科学研究科講師，07 年より同准教授．17 年 9 月より東京大学カブリ数物連携宇宙研究機構（IPMU）教授．専門は代数幾何学．01 年「クレパントな特異点解消とマッカイ対応」の研究で日本数学会賞建部賢弘特別賞受賞．1 男 1 女の母．

自分とは何か?

いま私は大学教員として、数学を教え、研究しています。数学は理学部の一学科になっていることが多く、理系だと思われていますが、芸術のような面や哲学のような面もあります。そんな数学の世界にどのように近づいていったのかをお話ししましょう。

小さい頃から折り紙が大好きでした。まだ字が読めないうちから折り紙の本を見ながら、ひとりで黙々と折っていたそうです。小学生のときは学研の『一〜六年の科学』という雑誌が大好きで、その付録の実験道具は私の宝物でした。こう書くと、小さい頃から理系だったように見えますが、ビーズ細工のような手芸も大好きでしたし、ピアノを弾いたり、絵を描いたり、好奇心は尽きることなく、自由な時間が無限にあったような気がします。中学校では三年生の夏まで陸上部で真っ黒に日焼けしていました。勉強では英語が好きで、全米のヒットチャートばかり聴いて外国に憧れていました。

高校に入学した途端、周りの人たちが皆、大人に見えて、自分とは何か? という問題を急に突きつけられました。ひたすら自分らしさを求めた高校時代、私は自分が何をやりたいのかなかなか見つけられませんでした。ただ合唱と写真の部活を楽しんでいました。風景写真をたくさん撮るうちに、古い寺社や西洋建築の美しさに惹かれ、建築に興味を持つようになりました。建築史を勉強するなら文学部だと日本史の先生に言われましたが、建築意匠にも興味があり、それなら工学部だと言われ迷いました。私の高校は三年間クラス替えがなく、三年生で自分の取りたい科目を取るシステムになっていて、同じクラスには理系、文系、芸術系などいろんな人がいて、それぞれが自分の将来の夢を思い描き、その目標に向かっていました。今でも多種多様な職業に就いている同級生たちの話はとても刺激的で面白いです。

数学科へ

結局、高三では、工学部が受験できるよう数学や物理を選択しました。東大の五月祭に行って宇宙物理や地球物理の一般向け講演を聞いたり、東工大の大学祭に行って工場のようなキャンパスに驚いたり、友人たちといろんな大学を探検しました。理科の実験は楽しくて好きでしたが、数学では、公式を鵜呑みにできず、原理を理解しないと問題が解けなかったので苦労しました。先生の解答とは異なる方法で解くことも多く、数学科の教員室に何度も足を運び、質問に行きました。あるとき、先生は執筆中の論文を見せてくれました。英語で書かれていて、内容も理解できませんでした。なぜ先生が論文を私に見せてくださったのかわかりませんが、数学の自由な世界を伝えたかったのかもしれません。

高校卒業後の一年間は予備校に通いました。先生方の講義はどれも魅力的でした。特に秋山仁《じん》先生の数学の講義は面白く、毎回テキストの解説を短時間で終えて、ご自身のグラフ理論の研究の話をされ、「この問題が解けたら論文が書ける」という問題を提示されることもありました。そんな問題を考えてみたりするうちにだんだん数学が面白くなり、いつか数学の研究がしてみたいと思うようになりました。大学は数学科に行こうと決心し、その気持ちは一年間変わりませんでした。

翌春、名古屋大学理学部に入学しました。当時の国立大学の入試は、異なる日程の大学を二校受験することができたため、名古屋大学の新入生は、愛知県の次に東京都出身者が多いという稀有《けう》な状況でした。バブルと呼ばれるほど景気もよかったせいか、日本各地から来た学生とともに、とても活気のある大学時代を過ごすことができました。

ただ、大学に入学したらすぐに〝数学の研究〟に触れられると期待していた私にとって、一年生向けの数学の講義はあまり面白くありませんでした。たまたま数学科の先生が一年生向けの「現代数学入門」の講義をしてくれる機会があり、参加してみるととても面白く、それから数学科の先生の研究室を訪ねるようになりました。そんな私のような学生たちを集めてセミナーを開催してくれることになり、当時助手だった小澤哲也先生のもとで『曲面の数学――現代数学入門』(長野正著、培風館)を三人で読みました。この本は一つの章で一種類の幾何学が解説されています。発表するためには別に一冊の専門書を探して読む必要があり、準備はとても大変でしたが、発表の仕方も指導していただき、とても有意義なセミナーでした。

大学入学後の二年間は、語学や数学、理科の他に人文・社会系の講義もありました。大人気だった心理学の先生が「心理学を勉強すると人の心が読めるようになるわけではない。私はわからないから研究している」とおっしゃっているのが印象的でした。確かに研究というのは自分の疑問を解明する作業なので、得意だからできるというものではなく、もっと知りたいという好奇心こそが研究の原動力になります。理学部での私のクラスは六〇名ほどで、女子は一〇名いたので、特に女性が少ないとも感じませんでした。定期試験期間中は、同じクラスの女性たちと一緒に中央図書館で勉強しました。希望学科は異なりましたが、大きな机を囲んでそれぞれの勉強をし、夕飯を学食で食べ、夜まで一緒に勉強しました。このような図書館での勉強は大学四年の夏休みの大学院入試まで続きました。彼女たちは現在も大学や民間企業で専門的な仕事を続けており、卒業後もずっと折りに触れて励ましあえる仲間でもあります。

現代数学への階段

大学二年生の夏休みに理学部の自主ゼミ合宿に参加してからは、週にいくつも自主ゼミをする生活に変わりました。実は、先の勉強仲間が参加するのでなんとなく一緒に参加しただけでしたが、いい転機になりました。合宿では大学院生の助言を受けながら、数学科の専門課程で習う内容のテキストを輪読しました。合宿なので、朝から夜まで数学漬けで、食事をしながらも数学の話ができる環境で、いっぱい数学のシャワーを浴びることができました。大学二年の秋からは、学科の専門科目の講義も始まり、いよいよ現代数学への階段を上り始めました。興味が一致した数学科や物理学科の友人や先輩たちと夜遅くまで大学で自主ゼミをすることも増えました。

大学三年生の夏休み、理学部の自主ゼミ合宿にも参加しましたが、広中平祐《へいすけ》先生が主催されていた日米JAMSセミナーにも参加しました。これは日米の自然科学系の大学生や大学院生のための一週間ほどの合宿で、自分が興味を持っていることを発表し、ノーベル賞クラスの研究者の講義を聴くというものでした。開催地は青森でしたが、会話も発表もすべて英語でした。私はなかなか自分の言いたいことがうまく伝えられなくて苦労しましたが、国内外の大学生がいろんな先生に積極的に質問する様子に圧倒されました。講師には数学者の森重文《しげふみ》先生もいらっしゃいました。森先生は、その直後に京都で開催されたICM(国際数学者会議)でフィールズ賞を受賞されました。フィールズ賞というのは、数学のノーベル賞とも言われますが、授賞式は四年に一度で受賞者も四〇歳未満という制限があります。日本ではこれまでに三名の方が受賞されていますが、私はそのうちの広中先生と森先生という二人のフィールズ賞受賞者に同時にお会いできたわけです。周りの積極的な参加者に刺激された私は、自分が興味をもっていたことを森先生にお話しし、それがきっかけとなり、卒業研究では代数幾何学を選ぶことに決めました。

名古屋大学の卒業式の日に．黒板には数式がビッシリとかかれている(左から２人目が筆者)

半年後、ＪＡＭＳセミナーで知り合った友人を介して、京都大学理学部の学生たちと一緒に合同自主ゼミ合宿を企画し、開催しました。私は化学科の加藤(坂田)知世さんと分子構造(量子化学)と数学(群論)についての合同発表を全体向けにしました。数学のセミナーでは、京大生の多くがノートも取らず、どんどん質問をして新しいことを理解していく姿を見て、すごい人たちだと驚きました。その後、京大と名大の合同自主ゼミ合宿は二〇年以上続いたようで、多くの参加者が研究者になっています。

大学四年生では向井茂先生の御指導のもと、卒業研究をしました。そこで『Algebraic Curves』(Walker 著)

を読み、たくさんの代数曲線の例に触れました。向井先生ご自身の研究内容はまだよく知りませんでしたが、いつも研究室の黒板にたくさんの図や計算が書いてあって、とても興味深かったのを覚えています。

大学卒業後は東京大学の大学院に進学し、川又雄二郎先生に師事しました。「特異点に興味がある」と言ったため、Miles Reid 先生の特異点に関する論文を読むことになりました。最初はなかなか読み進められず、発表の度にすごく緊張し、一年間で五キログラムくらい体重も減ってしまいましたが、たくさんの例を計算しながらなんとか読破しました。ちょうど大学院は重点化されたばかりで、大学院生の定員が大幅に増え、他大学出身者も多かったのですが、講義のレベルは高く、ただただ圧倒され続けた一年間でした。毎週開催されていた専門家向けの「解析多様体セミナー」にも毎回出席しました。セミナーの記録係が当番で回ってきても、さっぱりわからないままノートを取るだけでしたが、たくさんの講演を聴くことは、興味のある話題を見つける機会にも、講演が上手な人の話し方を学ぶ機会にもなりました。

大学院の同級生は四五名ほどいましたが、女性は三名でした。大学時代と同様に女性であることは特に意識をせず行動していたのですが、誰と学食で食べていたとか、どの講義に出ているなど、いろんな人から行動を見られていることが多くなり、すごく疲れました。週に一回だけ、女性の先輩方と一緒にお弁当を食べる時間があって、とても心休まる時間だったのを覚えています。

特異点の研究

修士二年になると、同級生たちが新しい結果が出たと宣言したり、我先にと研究集会で講演する申し出をしたり、誰が博士課程に進めるかという競争のようになりました。当時、修士の学生には院生室もなかったので、講義やセミナーが終わるとすぐに自宅に帰りましたが、誰もいない下宿ではなく、家族のいる実家だったからこそ精神的に耐えられたのかもしれません。

修士二年の夏、たまたま広中平祐先生が数学者向けの「JAMS特異点セミナー」を開催されました。このセミナーは二週間ほどの長いもので、北海道の大沼国定公園の大自然に囲まれたコテージに泊まりながら、朝から晩まで数学者や他大学の大学院生たちと一緒に過ごしました。大学院入学時に読んだ論文の著者の Miles Reid 先生をはじめ、世界中の特異点研究者の講義を受け、直接お話できる機会に恵まれました。

当時、私は三次元の特異点に関する研究に取り組んでいました。森重文先生がフィールズ賞を受賞された研究でもある「三次元の代数多様体の分類」が完成した直後であり、三次元多様体の個々の性質についての研究が始まったばかりの時期でした。さらに物理学の超弦理論でも三次元多様体が注目され、修士論文ではその性質を数学的に定式化した問題に挑戦しました。そのため数学者だけでなく、物理学者とも議論する機会もあり、両者の感覚の違いが感じられて、とても面白い経験ができました。

通常、数学の研究は一人で取り組むことが多く、とても孤独な作業です。幸い、修士論文で新しい結果を得ることができましたが、この結果を得るまでにも、たくさんの文献を調べたり、多くの例を計算したり、紆余曲折、試行錯誤を繰り返しました。また当時、早稲田大学で毎週開催されていた「特異点セミナー」にも出席し、自分の結果を詳しく聞いていただけたことも貴重な経験でした。証明のギャップを指摘され、翌週までに直したこともありましたし、特異点の研究者がたくさん集まるセミナーだったので、聴衆の理解の方が速くてコメントの話題についていけないこともありました。皆さんがご自身の研究結果をとても嬉しそうに発表し、数学的に厳しい指摘もしてくださり、新しい結果を一緒に喜んでくれる暖かいセミナーでした。当時参加されていた渡邊公夫《きみお》先生の「自分が面白いと思うことを研究しなさい」という言葉はその後もずっと心の中に持ち続けています。また、当時は静岡から新幹線通勤されていた石井志保子《しほこ》先生は数少ない女性数学者であり、専業主婦の母しか知らなかった私にとって、働く母親の姿を実際に見ることができる貴重な場でもありました。

「私は私！」

博士課程に進学後は、ひたすら数学の研究に邁進《まいしん》していきました。その中で大事だったのは、いろいろな人との出会いでした。三次元の特異点の研究は、私が始めたころは、研究している人の少ないテーマだったのですが、代数幾何学以外の数学との関連も広がり、議論できる仲間も増えました。また、日本の数学界は女性がとても少ないのですが、海外に行くと

各国の女性数学者と女性物理学者で開催した国際研究集会にて(後列左から5人目が筆者)(写真提供：“Archives of the Mathematisches Forschungsinstitut Oberwolfach” Reproduce by permission of MFO.)

女性が多く参加していることもあります。イタリアの数学科では過半数が女子学生だそうで、研究集会では、背中のあいたワンピースの女性が香水の香りを振りまきながら数学の議論をしている光景も見られます。日本にいると想像もつかないことが海外では当たり前だったりもするのです。その後、イギリスのウォーリック大学、ドイツのマンハイム大学、アメリカのプリンストン高等研究所など海外に長期滞在する機会にも恵まれました。海外では、日常生活はもちろんですが、研究面でも日本とは違う空気を感じることができます。特に欧米は個人主義なので、一人の人間として尊重してもらえる快感も味わえますし、常に「私は何者か」を考えるようになります。そのような経験を経て、自分らしさを育てていくと、どこへ行っても自分の行動に自信が持てるようになります。

私自身は高校までは、男女による差別は感じず、好きなこと、やりたいことが優先できました。ところが大学では、名古屋が保守的な土地柄であるせいか、女性はこうあるべきという人もいて、行動が制限されることもありました。でも常に「私は私！」という信念で行動し、自分の環境を変える努力もしてきました。それは研究者になってからも同じです。また何か壁にぶつかったときは、これまでに出会った友人や研究者仲間が常に私の心の支えとなりました。

「数学の魅力 4・2015」(東京大学大学院数理科学研究科主催)で女子中学生や女子高校生に話をする筆者(撮影：河野裕昭)

数学は性別も国籍も問わない自由な学問です。自分の頭の中で広げたイメージを世界中の人と共有することもできます。私にとって数学は、自己表現の方法とも思えるようになりました。これからは自分の研究だけでなく、数学の自由さや面白さを一人でも多くの人に伝えたいと思っています。

伊藤由佳理
名古屋大学理学部卒業．東京大学大学院数理科学研究科修士課程・博士課程にて博士(数理科学)取得．日本学術振興会特別研究員，東京都立大学助手を経て，2003 年名古屋大学大学院多元数理科学研究科講師，07 年より同准教授．17 年 9 月より東京大学カブリ数物連携宇宙研究機構(IPMU)教授．01 年日本数学会賞建部賢弘特別賞受賞．

研究するって面白い！
—科学者になった 11 人の物語　　岩波ジュニア新書 841

2016 年 10 月 20 日　第 1 刷発行
2023 年 5 月 25 日　第 5 刷発行

編著者　伊藤由佳理《いとうゆかり》

発行者　坂本政謙

発行所　株式会社 岩波書店
〒101-8002 東京都千代田区一ツ橋 2-5-5

案内 03-5210-4000　営業部 03-5210-4111
ジュニア新書編集部 03-5210-4065
https://www.iwanami.co.jp/

印刷・三陽社　カバー・精興社　製本・中永製本

ISBN 978-4-00-500841-4　　Printed in Japan

岩波ジュニア新書の発足に際して

きみたち若い世代は人生の出発点に立っています。きみたちの未来は大きな可能性に満ち、陽春の日のようにひかり輝いています。勉学に体力づくりに、明るくはつらつとした日々を送っていることでしょう。

しかしながら、現代の社会は、また、さまざまな矛盾をはらんでいます。営々として築かれた人類の歴史のなかで、幾千億の先達《せんだつ》たちの英知と努力によって、未知が究明され、人類の進歩がもたらされ、大きく文化として蓄積されてきました。にもかかわらず現代は、核戦争による人類絶滅の危機、貧富の差をはじめとするさまざまな人間的不平等、社会と科学の発展が一方においてもたらした環境の破壊、エネルギーや食糧問題の不安等々、来るべき二十一世紀を前にして、解決を迫られているたくさんの大きな課題がひしめいています。現実の世界はきわめて厳しく、人類の平和と発展のためには、きみたちの新しい英知と真摯《しんし》な努力が切実に必要とされています。

きみたちの前途には、こうした人類の明日の運命が託されています。ですから、たとえば現在の学校で生じているささいな「学力」の差、あるいは家庭環境などによる条件の違いにとらわれて、自分の将来を見限ったりはしないでほしいと思います。個々人の能力とか才能は、いつどこで開花するか計り知れないものがありますし、努力と鍛練の積み重ねの上にこそ切り開かれるものですから、簡単に可能性を放棄したり、容易に「現実」と妥協したりすることのないようにと願っています。

わたしたちは、これから人生を歩むきみたちが、生きることのほんとうの意味を問い、大きく明日をひらくことを心から期待して、ここに新たに岩波ジュニア新書を創刊します。現実に立ち向かうために必要とする知性、豊かな感性と想像力を、きみたちが自らのなかに育てるのに役立ててもらえるよう、すぐれた執筆者による適切な話題を、豊富な写真や挿絵とともに書き下ろしで提供します。若い世代の良き話し相手として、このシリーズを注目してください。わたしたちもまた、きみたちの明日に刮目《かつもく》しています。(一九七九年六月)

936 ゲッチョ先生と行く 沖縄自然探検 盛口 満

沖縄島、与那国島、石垣島、西表島、宮古島を中心に、様々な生き物や島の文化を、著名な博物学者がご案内！〔図版多数〕

937 食べものから学ぶ世界史 ―人も自然も壊さない経済とは？ 平賀 緑

食べものから「資本主義」を解き明かす！産業革命、戦争…。食べものを「商品」に変えた経済の歴史を紹介。

938 国語をめぐる冒険 渡部泰明・平野多恵・出口智之・田中洋美・仲島ひとみ

世界へ一歩踏み出せば、新しい出会いと成長への機会が待っています。国語を使ってどう生きるか、冒険をモチーフに語ります。

940 俳句のきた道 芭蕉・蕪村・一茶 藤田真一

古典を知れば、俳句がますますおもしろくなる！ 個性ゆたかな三俳人の、名句と人生、俳句の心をたっぷり味わえる一冊。

941 AIの時代を生きる ―未来をデザインする創造力と共感力 美馬のゆり

人とAIの未来はどうあるべきか。「創造力と共感力」をキーワードに、よりよい未来のつくり方を語ります。

942 親を頼らないで生きるヒント ―家族のことで悩んでいるあなたへ コイケ ジュンコ NPO法人ブリッジフォースマイル協力

虐待やヤングケアラー…、子どもはどのようにSOSを出せばよいのか。社会的養護のもとで育った当事者たちの声を紹介。

943 数理の窓から世界を読みとく
―素数・AI・生物・宇宙をつなぐ
初田哲男
柴藤亮介 編著

数学を使いさまざまな事象を理論的に解明する方法、数理。若手研究者たちが数理を共通言語に、瑞々しい感性で研究を語る。

944 自分を変えたい ―殻を破るためのヒント
宮武久佳

いつも同じメンバーと同じ話題。親に勧められた大学に進学し、楽勝科目で単位を稼ぐ。ずっとこのままでいいのかなあ?

945 ヨーロッパ史入門 原形から近代への胎動
池上俊一

古代ギリシャ・ローマから、文化的統合体としてのヨーロッパの成立、ルネサンスや宗教改革を経て、一七世紀末までを俯瞰。

946 ヨーロッパ史入門 市民革命から現代へ
池上俊一

近代国家の成立や新しい思想の誕生、二度の大戦、アメリカや中国の台頭。「古い大陸」ヨーロッパがたどった近現代を考察。

947 〈読む〉という冒険 イギリス児童文学の森へ
佐藤和哉

アリス、プーさん、ナルニア……名作たちは、本当は何を語っている?「冒険」する読みかた、体験してみませんか。

948 私たちのサステイナビリティ
―まもり、つくり、次世代につなげる
工藤尚悟

「サステイナビリティ」とは何かを、気鋭の研究者が、若い世代に向けて、具体例を交えわかりやすく解説する。

949 進化の謎をとく発生学
―恐竜も鳥エンハンサーを使っていたか
田村宏治
進化しているのは形ではなく形作り。キーワードは、「エンハンサー」です。進化発生学をもとに、進化の謎に迫ります。

950 漢字ハカセ、研究者になる
笹原宏之
著名な「漢字博士」の著者が、当て字、国字、異体字など様々な漢字にまつわるエピソードを交えて語った、漢字研究者への成長記。

951 作家たちの17歳
千葉俊二
太宰も、賢治も、芥川も、漱石も、まだ「文豪」じゃなかった――十代のころ、彼らは何に悩み、何を決意していたのか？

952 ひらめき！英語迷言教室
―ジョークのオチを考えよう
右田邦雄
ユーモアあふれる英語迷言やひねりのきいたジョークのオチを考えよう！　笑いながら英語力がアップする英語トレーニング。

953 大絶滅は、また起きるのか？
高橋瑞樹
生物たちの大絶滅が進行中？　過去五度あった大絶滅とは？　絶滅とはどういうことでなぜ問題なのか、様々な生物を例に解説。

954 いま、この惑星で起きていること
気象予報士の眼に映る世界
森さやか
世界各地で観測される異常気象を気象予報士の立場で解説し、今後を考察する。雑誌『世界』で大好評の連載をまとめた一冊。

955 世界の神話 躍動する女神たち 沖田瑞穂

強い、怖い、ただでは起きない、変わってる⁉ 世界の神話や昔話から、おしとやかなイメージをくつがえす女神たちを紹介！

956 16テーマで知る 鎌倉武士の生活 西田友広

鎌倉武士はどのような人々だったのでしょうか？ 食生活や服装、住居、武芸、恋愛など様々な視点からその姿を描きます。

957 〝正しい〟を疑え！ 真山 仁

不安と不信が蔓延する社会において、自分を信じて自分らしく生きるためには何が必要なのか？ 人気作家による特別書下ろし。

958 津田梅子―女子教育を拓く 髙橋裕子

日本の女子教育の道を拓き、シスターフッドを体現した津田梅子の足跡を、最新の研究成果・豊富な資料をもとに解説する。

959 学び合い、発信する技術―アカデミックスキルの基礎 林 直亨

アカデミックスキルはすべての知的活動の基盤。対話、プレゼン、ライティング、リーディングの基礎をやさしく解説します。

960 読解力をきたえる英語名文30 行方昭夫

英語力の基本は「読む力」。先生と生徒の対話形式で、新聞コラムや小説など、とっておきの例文30題の読解と和訳に挑戦！